KB159565

Réflexions sur la France

프랑스를 생각한다

'자유, 평등, 박애'의 발원지

프랑스를 생각한다

'자유, 평등, 박애'의 발원지

1판 1쇄 발행일 2014년 10월 31일

지은이 | 손우현
펴낸이 | 안병훈
펴낸곳 | 도서출판 기파랑
디자인 | 커뮤니케이션 울력
등록 | 2004년 12월 27일 제300-2004-204호
주소 | 서울특별시 종로구 대학로8가길 56(동숭동 1-49) 동숭빌딩 301호
전화 | 02-763-8996(편집부) 02-3288-0077(영업마케팅부)
팩스 | 02-763-8936
이메일 | info@guiparang.com

ISBN 978-89-6523-878-2   03300

이 책은 방일영문화재단의 지원을 받아 저술·출판되었습니다.

프랑스를 생각한다

'자유, 평등, 박애'의 발원지

손우현 지음

기파랑

차 례

1부 프랑스란 어떤 나라인가?

2부 프랑스인들의 삶과 의식구조

머리말

2004년 봄 4년간의 파리문화원장 근무를 마치고 귀국했을 때다. 몇몇 지인들이 나에게 프랑스에 오래 체류했으니 경험담을 책으로 한번 써보는 것이 어떠냐고 했다. 나는 주저했다. 프랑스에 대해서는 이미 국내외에 많은 학술서와 여행기가 나와 있지 않은가. 내가 주제넘게 무엇을 또 쓰겠는가 하는 생각에서였다.

그 후 몇 년의 세월이 지나고 2010년 초 우연히 글을 쓸 기회가 주어졌다. 언론계 선배인 김승웅 선생이 운영하는 독특한 인터넷 매체인 '마르코 글방'에 필진의 한 사람으로 참여하면서부터다. 이 '글방'에는 전·현직 언론인, 고위 공무원, 각계 전문가 등 약 600여 명의 회원이 있다. 나에게는 그 사이 신상 변화가 있었다. 퇴직을 하고 대학에 출강을 하게 되었다. 나는 이때가 그동안 미뤄왔던 프랑스에 대한 집필을 할 숙명적인 기회라고 생각했다. 마침 편집자인 김 선배님은 주요 언론사 파리 특파원을 역임하신 분이라 프랑스에 대한 관심과 이해가 높아 필자가 집필을 하면서 깊은 교감을 나눌 수 있었다. 이 책에 실린 글은 대부분 지난 4년 반 동안 '마르코 글방'에 '프랑스를 생각한다' 제하의 연재물로 기고한 내용을 수정, 보완한 것이다. 따라서 귀화자 출신의 프랑스 총리 등 프랑스 정계와 사회의 최근 동향까지 포함시켰다.

프랑스에서 나는 감수성이 많았던 20대 후반부터 50대 중반까지 세 차례에 걸쳐 모두 10년을 체류했다. 1970년 대 후반에는 기자로서, 1980년대 중·후반과 2000년대 전반에는 외교관 자격으로서다. 그 기간 나는 다양한 인사 접촉과 체험을 통해 프랑스 사회를 비교적 깊이 있게 관찰할 수 있었다고 자부한다. 이 책을 통해 나는 기자출신 외교관으로서 바라본 프랑스에 대한 관찰과 체험을 독자들과 공유하고 우리 사회에 대한 시사점을 찾아보려고 시도했다.

프랑스란 어떤 나라인가?

주지하다시피, 프랑스는 세계 문명사에 주도적으로 기여하고 민주주의와 인권 신장을 선도한 나라다. 프랑스 대혁명 때 등장해 프랑스 공화국의 표어가 된 '자유, 평등, 박애'는 민주주의를 추구하는 모든 국가의 도덕적 이상이 되고 있다. 외교관을 포함한 프랑스 공무원들은 이 표어가 새겨진 명함을 가지고 다니는데 이것이 퍽 인상적이었다. 그리고 그런 명함을 받을 때마다 만약 그들이 나에게 대한민국의 표어가 있느냐고 물어본다면 어떻게 대답해야 할까를 자문해보았다. 우리에게는 유감스럽게도 대한민국의 가치를 극명하게 표현할 수 있는 표어가 없다. 대한민국은 지난 반세기간 선진국들이 최소한 1세기 이상 걸려 성취해냈다는 산업화와 민주화에 성공하면서 아시아의 성공신화가 되었다. 그러나 이러한 압축 민주화와 경제성장의 와중에 국격의 골간이 되어야 할 기본

적인 가치는 소홀히해왔으며 급기야 대한민국의 정체성
에 도전하는 세력까지 등장하고 세월호 참사 같은 대형
인재까지 발생했다. 대한민국은 지금 선진국 진입이냐 좌
절이냐의 기로에 서 있다.

프랑스에는 국가적인 중대사가 있을 때 좌우 이념을 초
월하여 프랑스인들을 대동단결시키는 '공화국의 가치'란
것이 있다. 정파적인 이념을 초월하는 가치다. 이 책에서
는 '공화국의 가치'의 역사적 배경과 실제 사례를 생생한
현지 체험을 통해 기술하고자 했다.

또 프랑스 현대사의 분수령이 된 '드레퓌스 사건'을 심
층 해설해 프랑스 민주주의와 법치주의가 어떻게 진화했
는지, 또 그 과정에서 언론과 지성인은 어떤 역할을 했는
지를 집중 조명하고 이런 역사적 유산이 오늘날 프랑스와
전 세계에 어떤 영향을 주고 있는지를 살펴보았다.

그리고 대통령이나 왕족이 아닌 프랑스를 빛낸 위인과

천재들의 유해가 안장되어 있는 국립묘지인 팡테옹 신전을 통해 프랑스의 정체성을 탐구하고 이 역사의 전당이 시대적 변화에 어떻게 적응해나가는지를 살펴보았다.

프랑스는 국수주의와 문화쇄국주의를 배척하는 나라다. 프랑스는 역사적으로 쇼팽, 피카소, 샤갈 등 뛰어난 외국 예술가에게 문호를 개방하면서 예술 인재 영입의 선구자 역할을 해왔다. 이는 비단 문화 예술에만 국한되는 것이 아니고 정치에도 적용된다. 금년 봄 프랑스 정계에는 큰 변화가 있었다. 외국 출신 귀화자가 프랑스 대권 도전에 교두보가 될 수 있는 총리와 파리 시장 직에 각각 오른 것이다. 이는 놀라운 일이 아니다. 일찍이 코르시카 출신의 나폴레옹이 프랑스 황제에 등극하지 않았던가. 코르시카는 나폴레옹 출생 1년 전에 프랑스 영토로 편입되었다. 또 지난 8월 말 단행된 개각에서는 요직인 문화부 장관에 한국계 입양아 출신 여성이 기용되었다. 이것이 프랑스의 저력이다. 우리의 경우는 같은 동포인데도 한때 미국 국적을 가졌었다는 이유로 입각이 좌절된 적이 있지 않은가.

프랑스는 자타가 공인하는 문화대국이다. 프랑스 하면 세계인들은 문화와 예술을 떠올리고, 파리는 많은 문화·예술인들에게 선망의 도시다. 문화대국으로서의 독보적인 위상 때문이다. 나는 파리에서 문화원장으로 근무하면서 문화대국 프랑스의 진면목을 살펴볼 수 있었다. 팡테옹에 안장된 전직 대통령은 아직 없지만 제5공화국 초대 문화장관을 지낸 앙드레 말로의 유해는 팡테옹에 이장되었다. 이는 앙드레 말로란 거인에 대한 평가일 뿐만이 아니라 문화가 프랑스에 무엇을 의미하는지를 웅변해주는 헌사다.

이 밖에 이 책에서는 프랑스인들의 미식 문화와 바캉스 등 프랑스인들의 삶과 의식구조도 다뤄보았다. 특히

'문화 간 소통'이란 글에서는 '데카르트적 합리 정신 esprit cartésien'을 강조하는 프랑스의 소통 문화와 이와 충돌하는 한국의 '눈치 문화'를 한 프랑스인과의 대화를 통해 살펴보았다. 그리고 '언론과 공인의 사생활'에서는 미국과는 달리 정치인들의 사생활에 관대한 프랑스의 언론 문화에 근래 일고 있는 점진적인 그러나 제한된 변화에 대해 알아보았다.

이 책에서 저자는 '프랑스와 조선 그리고 대한민국', '기메박물관과 한국' 등을 통해 한불관계와 한불 문화교류의 역사에 많은 지면을 할애하고 집중 조명했다. 한불관계의 역사는 바로 우리의 근현대사다. 한불관계는 현재 상승세에 있다. 이는 무엇보다도 우리의 국력이 크게 신장됐기 때문이다. 지난 128년간 한국은 풍전등화와 같았던 변방 국가에서 아시아의 중심 국가이자 세계 15위 안에 드는 산업국이 되었다. 또 시끌벅적하기는 하지만 아시아에서는 몇 안 되는 민주국가가 되었다. 참으로 드라마틱한 역정이다.

또 영·불 간의 역사적인 경쟁 관계가 어떻게 양국의 형성과 세계사에 영향을 미쳤는지, 프랑스는 미국의 태생에 어떻게 기여했으며 왜 미국에 굴종하기를 거부하는지, 이웃나라 간의 화해와 협력의 귀감이 되고 있는 독·불 간의 화해·협력은 어떻게 가능했는지를 살펴보았다.

파리에 10년간 체류하면서 나는 이곳을 다녀가는 국내 인사들을 포함해 수많은 사람을 만날 수 있었다. 이 중 나에게 깊은 인상을 남긴 프랑스와 한국 인사 몇 분을 소개했다.

인간이 그렇듯이 프랑스도 완벽한 나라는 아니다. 프랑스도 세계화 시대에 많은 도전에 직면해 있다. 과도한 복지 부담과 재정 지출, 높은 실업률, 과격한 노조문화, 국수주의와 집단 이기주의의 유혹 등 많은 문제점을 안고 있다. 일각에서는 프랑스의 미래를 우려하는 사람들도 있다. 그러나 프랑스는 역사적으로 수많은 시련을 극복하면서 특유의 저력과 창의력으로 다시 일어서고 세계사의 방향을 제시한 나라다. 이러한 과정에서 지성인들은 주도적인 역할을 했다. 드골은 이런 프랑스를 가리켜 '위대함이 없이는 프랑스는 프랑스가 될 수 없다고 했다La France ne peut être la France sans grandeur.' 또 영국 시인 키플링Rudyard Kipling은 'France'란 시에서 "진리를 좇는 데 앞장서며 옛 진리를 결코 저버리지 않는 프랑스, 동지를 사랑하는 모든 이에게 소중한 당신이여!First to follow Truth and last to leave old Truths behind- France beloved of every soul that loves its fellow-kind!-저자 번역"라고 예찬했다.

이 책은 체계적인 프랑스 소개서는 아니다. '프랑스를 생각한다'란 제목이 시사하듯이 내가 프랑스에 체류하면서 관찰하고 체험한 것 중 특히 인상적인 것들을 기록한

것이다. 이 밖에 프랑스 관련 최신 뉴스에 대해서도 프랑
스 연구자로서 계속 관심을 갖고 분석해보려 했다. 그러
나 막상 책을 출판하려니 미흡하다는 느낌을 금할 수 없
다. 미진한 점은 앞으로 기회가 있으면 보완해나가려 한
다. 프랑스란 나라를 책 한 권으로 논한다는 것은 불가능
한 일이다. 그럼에도 불구하고 나름대로 체험을 바탕으
로 남들이 쓰지 않은 프랑스 이야기를 써보려고 노력했음
을 밝혀두고자 한다. 이 책이 프랑스에 근무하는 외교관
과 주재원, 유학생과 프랑스에 관심이 있는 학생과 교양
인에게 프랑스란 나라를 이해하는 데 다소라도 도움이 된
다면 큰 보람과 영광으로 생각하겠다. 또 이 책에서 기술
한 프랑스의 사례가 대한민국이 현재 당면한 정체성 혼란
과 가치 혼돈을 해결하는 데 조금이라도 참고가 되었으면
하는 마음 간절하다.

　이 책은 여러 분들의 도움이 없었으면 세상의 빛을 보

지 못했을 것이다. 그중 몇 분만 이 자리를 빌려 언급하고자 한다. 다시 한 번 이 책의 초고를 발표할 격조 높은 글쓰기 공간을 제공해주시고 늘 배려해주신 언론인 김승웅 선생님께 감사드린다. 또 졸고에 관심을 가져주시고 격려해주신 이인호 대사님 서울대 명예 교수, 전 주러시아 대사 께도 깊은 사의를 표한다. '프랑스의 국격-자유, 평등, 박애'는 이 대사님의 한 기고문을 읽고 영감을 얻어 쓴 것임을 밝혀둔다. 그리고 사진 저작권 문제 관련 자문에 흔쾌히 응해주신 연세대 법학전문대학원 남형두 교수님께도 감사드린다.

이 졸저의 출판을 흔쾌히 수락해주신 도서출판 기파랑의 안병훈 사장님, 조양욱 주간님께도 감사의 말씀을 드린다. 또 이 책의 저술, 출판을 지원한 방일영문화재단에도 사의를 표한다. 그리고 사진 등 자료 지원에 적극 협조해준 파리 한국문화원의 조르주 아르세니제빅 Georges

Arsenijevic 전문위원과 행정 담당 이상록 씨에게도 깊은 감사를 드린다.

　끝으로 하늘에 계신 부모님 고 손세원, 김혜중과 고 이준모, 이보옥 그리고 나의 인생에 큰 힘이 되어준 아내 이귀주와 딸 혜란에게 이 책을 바친다.

2014년 9월

손우현

프랑스를 생각한다

'자유, 평등, 박애'의 발원지

Réflexions sur la France

1부 프랑스란 어떤 나라인가?

1부
프랑스란 어떤 나라인가?

1. 프랑스의 국격: "자유, 평등, 박애"

요즘 '국격國格'이란 말이 중요한 화두가 되고 있다. '국격을 높이자'라는 표현도 등장하는데 국격의 정의가 무엇인지는 모르지만 단기간 내에 가능한 일인지 모르겠다. 또 국격과 '국가 브랜드'란 용어가 혼용되면서 국격 논의가 공리적인 목적에 치중되어 한 국민이나 국가가 높은 품격을 갖기 위해 반드시 갖추어야 할 기본적인 가치에 대한 논의는 소홀히 되고 있는 인상이다.

프랑스 화가 외젠 들라크루아(Eugène Delacroix)가 그린 '민중을 이끄는 자유의 여신' ⓒ Wikipédia

국격 하면 나는 프랑스를 생각하지 않을 수 없다. 프랑스의 공공기관 건물에는 "Liberté, Égalité, Fraternité 자유, 평등, 박애"라는 프랑스 공화국의 표어가 새겨져 있다. 계몽주의 사상의 산물로 프랑스 대혁명 때 등장한 이 표어는 1848년 2월 혁명 후 제정된 헌법에서 "프랑스공화국의 원칙"으로 명문화되었으나 제2 제정기에 폐기되었다가 공화제가 정착된 제3 공화국에 와서 공공건물에 등장하면서 부활되었다. 근 100년에 걸친 단속적인 혁명 끝에 공화제와 함께 프랑스를 상징하는 표어로 정착된 것이다. 1958년에 제정된 현 프랑스 제5 공화국의 헌법은 제2조에서 '공화국의 표어는 자유, 평등, 박애다 La devise de la République est Liberté, Égalité, Fraternité'라고 명기하고 있다.

미국인들도 1782년부터 사용해온 'E pluribus unum 에 플러리버스 우넘, '다수로부터 하나'라는 뜻의 라틴어'이나 1956년 무신론의 소련에 대항하기 위해 만든 'In God we trust 우리는 하느님을 믿는다'란 국가 표어가 있지만 "자유, 평등, 박애"만큼 널리 알려진 국가 표어는 없는 것 같다. 나는 이 표어가 프랑스의 국격을 상징한다고 생각한다. 여러 가지 설명이 있지만 '자유'와 '평등'은 프랑스 혁명의 성서라 불리는 루소의 『사회계약론 Du Contrat Social』에 등장한다. 루소는 국민주권을 주창하면서 이는 '자유, 평등, 일반의지 volonté générale, 국민의 의지란 뜻'에 기초한다고 역설했다. 자유와 평등이 권리의 개념이라면 후에 추가된 박애 la fraternité는 타인에 대한 의무를 나타내는 도덕적 차원의 용어다 un mot d'ordre moral. '박애'는 기독교적인 함의 connotation chrétienne가 있다는 해설도 있다.

"자유, 평등, 박애"는 프랑스 정부 로고에도 들어간다. 프랑스 3색 국기에 사용되는 청, 백, 적색 바탕에 프랑스 공화국의 상징인 '마리안느 Marianne'의 초상과 함께 들어간다. 프랑스 공무원 외교관 포함들은 이 로고가 들어간 명함을 사용하는데 이는 퍽 인상적이었다. 또 "자유, 평등, 박애"에 대한 설명은 프랑스 대통령실 홈페이지에 '프랑스 공화국의 상징들'이란 항목으로 제공되고 있으며 이 설명이 재외공관의 홈페이지를 통해 프랑스어와 현지어로 제공된다. 나폴레옹 시대에는 전쟁을 통해 프랑스 혁명의 이념을 유럽 각지에 전파했지만 오늘날은 인터넷을 통해 프랑스의 도덕적 이상이 전 세계에 조용히 전달되고 있다.

"자유, 평등, 박애"는 프랑스 민주주의의 기본 가치로 오늘날에도 생명력을 잃지 않고 있다. 프랑스 정치인들은 국가적인 중대사가 있을 때에 "공화국의 가치 valeurs

프랑스 고급 관료 양성소인 국립행정학교(ENA) 정문에 새겨진 '자유, 평등, 박애'
© LPLT / Wikimedia Commons

republicaines"란 표현을 즐겨 쓰는데 이는 좌·우, 여·야를 초월하는 가치다. 프랑스인들은 이 가치가 위협당하면 이를 수호하기 위해 정파를 뛰어넘어 대동단결한다. 프랑스의 국격을 지키기 위해서다.

2002년 4월 프랑스 대선 때의 일이다. 당시 나는 파리에서 세 번째 근무를 하고 있었다. 1차 투표에서 여론 조사 예측과 달리 인종차별, 이민자 배척, 반反 EU, 심지어는 나치 옹호 등의 발언으로 악명이 드높은 극우주의자 장마리 르펜이 사회당 후보인 조스팽을 누르고 결선투표에 진출, 1위를 차지한 자크 시라크 당시 대통령과 경쟁하게 되었다. 늘 결선 투표가 좌·우 양대 정당 간의 대결로 가던 구도에 이변이 생긴 것이다. 프랑스인들은 경악을 금치 못했다. 이민자가 증가하면서 치안은 악화되고 실업률은 상승하는데 법·질서보다는 인권을 중시하는 듯한 사회당에 반발 심리가 작용한 것 같았다. 프랑스 지식인들은 이 선거 결과를 '공화국의 수치'라고 규정했고 프랑스 전역에서 10만 명이 넘는 시민들이 거리로 뛰쳐나와 대규모 항의시위를 벌였다. 르펜이 주장하는 증오와 불관용의 국수주의는 프랑스인들이 피 흘려 쟁취한 "자유, 평등, 박애"란 공화국의 가치에 정면으로 배치되기 때문이다.

지금도 생생하게 기억한다. 미테랑 정부에서 문화 장관을 지낸 자크 랑 등 사회당 중진들이 연일 TV에 나와 유권자들에게 "공화국의 가치"를 수호하자며 자신들과 이념 노선이 다른 우파 자크 시라크 후보를 뽑자고 호소하던 일 말이다. 《르 몽드》와 《리베라시옹》 등 좌파 언론도 이념을 초월하여 우파인 시라크를 지지했다.

결국 시라크는 결선 투표에서 82.21%란 유례없는 압도적인 지지로 당선되었는데 이 선거를 보면서 프랑스가 어떤 나라라는 것을 극명하게 재확인할 수 있었다.

다시 국격 논의로 돌아와서 우리 대한민국이 추구하는

가치는 무엇인가 생각해보자. 원로 사학자 이인호 서울대 명예교수는 한 기고문에서 '홍익인간弘益人間'이라는 훌륭한 구호가 사라져버린 현실을 개탄하며 "우리도 세계 어느 곳에서고 종교나 정파를 초월해서 공감을 얻어낼 수 있는 우리 나름대로의 보편주의적 도덕적 이상을 추구하는 국민임을 거듭 재확인하는 것이 필요하다"고 주장했다. 공감이 가는 제안이다. 한국은 G20 정상회의를 주최한 나라다. 이제는 경제뿐만이 아니고 정신적으로도, 도덕적으로도 G20을 생각할 때가 되지 않았는가?

2. 드레퓌스 사건을 통해 본 국가이성과 인권

프랑스는 세계사에서 민주주의와 인권신장을 선도한 나라다. 1789년 7월 14일부터 1794년 7월 28일에 걸쳐 일어난 프랑스 대혁명이 이런 대장정의 기폭제가 된 것은 주지의 사실이다. 1789년 8월 26일 제헌국민의회는 혁명의 기본 문서로 프랑스 인권선언'Déclaration des droits de l'Homme et du citoyen', 인간 및 시민의 권리 선언을 채택한다. 자연법사상과 미국 독립혁명의 영향을 받은 이 선언은 자유와 평등 등 인간의 천부적 권리는 시간과 장소를 초월하여 보편적인 것임을 천명했다. 그러나 민주주의나 인권 평등이란 것은 일회적인 혁명이나 선언으로 이루어지는 것이 아니다. 프랑스 혁명 이후 공화제가 정착될 때까지 근 100년에 걸친 단속적인 혁명이 있었고 그 이후에도 많은 사건과 투쟁이 있었으며 프랑스 민주주의는 다른 나라의 민주주의와 마찬가지로 오늘날에도 진화하고 있다.

이 글에서는 20세기가 동틀 무렵 프랑스 사회를 다시 한 번 분열의 소용돌이로 몰아넣고 프랑스 민주주의와 법치주의의 방향을 규정지은 '드레퓌스 사건 l'affaire Dreyfus'을 재조명해보고자 한다. 1894년부터 1906년까지 12년간 프랑스 사회를 드레퓌스파 dreyfusards와 반反드레퓌스파 antidreyfusards로 양분시켜 뜨거운 논쟁을 불러일으킨 이 사건은 작가 에밀 졸라가 쓴 격문 〈나는 고발한다! J'accuse!〉가 도화선이 되어 드레퓌스의 결백함을 믿는 프랑스 지식인과 언론, 여론이 힘을 합쳐 간첩 누명을 쓰고 억울하게 유배됐던 유대인 드레퓌스 대위의 무죄 판결을 이끌어낸 사건이다. 이 사건은 '국가이성의 이름으로 자행되는 불의의 현대적이고 보편적인 상징 le symbole moderne et universel de l'iniquité au nom de la raison d'État'이 되었다. 이 사건을 계기로 유럽에서는 사회 참여를 하는 지식인을 가리켜 'intellectuel지식인'이라는 용어가 처음으로 사용되었다. 지식인이 단순히 지식의 전달자가 아니고 사회의 불의를 시정하기 위해 현실에 뛰어드는 사람이라는 뜻이다. 그리고 에밀 졸라의 격문은 불의를 고발하는 언론 캠페인media crusading의 모델이 되었다. 또 드레퓌스 사건은 이스라엘 건국의 초석이 된 시오니즘 운동을 탄생시켜 세계사에도 큰 영향을 주었다. 오늘날에도 미국에서는 관타나모Guantánamo 수용소 비판자들이 드레퓌스 사건을 원용할 정도로 이 사건의 교훈은 시공을 초월하고 있다.

1894년 9월 파리의 독일 대사관에서 일하던 청소부는 무관실 휴지통에서 프랑스 군사 기밀이 담긴 찢어진 문서를 발견한다. 청소부는 프랑스 정보기관의 제보자였다. 당국은 졸속 필적감정 후 알자스 지방 출신인 유대인 포병 장교 알프레드 드레퓌스Alfred Dreyfus를 체포한다. 알자스는 1870~1871년 보불전쟁에서 프랑스가 패배함으로써 독일 영토가 된 지역이다. 그는 잘못된 증거 자료에 의해 반역죄로 종신형을 선고받고 불명예 전역된 뒤, 프랑스령 기아나의 악마섬l'île du Diable으로 유배된다. 그 당시 프랑스 사회에는 반독일 정서와 국수주의, 반유대주의

1895년 1월 5일 파리의 École militaire(군사학교)에서 거행된 '반역자' 누명을 쓴 드레퓌스의 강등식
ⓒ Wikipédia

가 팽배했는데 유대인에 대한 편견이 드레퓌스를 간첩으로 몰고 간 것이다. 그로부터 2년 뒤인 1896년 조르주 피카르 중령이 우연한 기회에 진짜 간첩 에스테라지 소령을 적발하게 되었다. 그러나 당시 고급 장교들은 그들의 실수를 덮으려고 사실을 은폐했으며, 반유대적인 가톨릭교회와 수구 언론도 이런 움직임에 가담한다. 결국 에스테

라지는 군법회의 재판 이틀 만에 무죄로 풀려나고 드레퓌스에게는 허위 증거에 의한 다른 죄목이 가중된다.

1898년 1월 13일 작가 에밀 졸라는 신변의 위험을 무릅쓰고 '여명'이란 이름의 《로로르 L'Aurore》 신문 1면 전면에 걸쳐 〈나는 고발한다! J'accuse!〉란 제목의 격문을 발표한다. 펠릭스 포르 Félix Faure 대통령에게 보내는 공개서한 형식의 이 격문에서 졸라는 여러 사법적 오류와 증거의 부족을 지적하면서 프랑스 제3공화국 정부의 반유대주의와 드레퓌스의 부당한 구속수감을 비난한다. 졸라는 기소되어 1898년 2월 23일 명예훼손 유죄 판결을 받았다. 구속을 피하기 위해 그는 영국으로 도주했으며, 1899년 6월에야 프랑스로 돌아올 수 있었다. 졸라의 격문은 국내외에 큰 반향을 일으켜 'J'accuse!'는 영어 사용 국가에서도 권력자의 불의에 항의하는 표현이 되었다. 이 격문은 드레퓌스 지지파 dreyfusards 와 반대파 antidreyfusards 간의 뜨거운 논쟁을 불러일으키며 프랑스 사회를 공화주의자와 전통주의자로 양분시킨다. 드레퓌스 지지파 중에는 후에 노벨문학상을 받은 소설가 아나톨 프랑스 Anatole France, 증거의 허점을 지적한 수학자이며 물리학자인 앙리 푸앵카레 Henri Poincaré, 후일 수상이 된 《로로르》의 발행인 조르주 클레망소 Georges Clemenceau 등이 있었다. 아나톨 프랑스는 1901년 반드레퓌스파를 공격하면서 'xénophobe 외국인 혐오자'란 신조어를 만들어낸다.

프랑스 명문 그랑제콜 Grandes écoles 중의 하나인 폴리테크닉 l'École polytechnique 출신인 드레퓌스는 정치나 출세에 관심이 없는 훌륭한 군인이었다. 집안도 부유했다. 가업인 섬유회사를 운영하던 그의 형 마티외 Mathieu 는 동생의 구명을 위해 유능한 변호사를 고용하는 한편 작가, 예술가, 과학자, 언론인, 정치인 들의 규합에 나선다. 이 중에는 졸라의 격문을 발행하여 여론을 반전시킨 클레망소도 있었다. 유럽과 미국에서는 드레퓌스 지지 시위가 일어났으며 프랑스의 제3공화국 정부는 1900년 파리 만국박람회 개최를 앞두고 프랑스의 이미지를 걱정하게 된다.

에밀 졸라의 격문 "J'accuse…!"를 1면에 실은 1898년 1월 13일자 《L'Aurore》지(왼쪽)와 에밀 졸라 ⓒ Wikipédia

1899년 드레퓌스는 본국으로 소환되어 다시 군사 법정에 선다. 그러나 재심 역시 드레퓌스에게 유죄를 선고한다. 여론이 들끓자, 대통령은 특별 사면으로 그를 석방한다. 드레퓌스는 1906년에 가서야 비로소 프랑스 최고법원인 파기법원la Cour de cassation에 의해 무죄가 확정되어 소령으로 복권된다.

드레퓌스 사건은 한 세기가 지난 일이지만 아직도 국내외적인 관심의 대상이다. 이 사건을 주제로 한 영화, 다큐멘터리, TV드라마만 20여 편이 나왔고, 책은 수백 권이 출간되었다. 미국의 변호사 출신 작가 루이스 베글리Louis Begley는 『Why the Dreyfus Affair Matters 왜 드레퓌스 사건이 중요한가』란 저서에서 부시 행정부의 관타나모 수용소 수감자들을 드레퓌스에 비유하면서 800명의 수감자 중 600명이 무죄로 풀려났다고 지적하고 법 절차의 무시와 수사 과정에서의 기본권 유린을 비판했다.

미국 역사학자 프레드릭 브라운Frederick Brown은 저서 『For the Soul of France: Culture Wars in the Age of Dreyfus 프랑스의 영혼을 위하여, 드레퓌스 시대의 문화 전쟁』에서 드레퓌스 사건은 보불전쟁에서의 패배로 모욕을 당한 프랑스가 '복수심에 불타bent on revanche (revenge)' 군을 이용해

설욕하려는 과정에서 국수주의 정서가 비등해지면서 간첩, 반역자, 비非프랑스적인 사람에 집착하다 일어난 사건이라고 분석한다 A wave of nationalism swept the country, as well as an obsession with spies, traitors and anyone who seemed somehow un-French. 브라운에 의하면 당시 프랑스 사회에서의 유대인의 빠른 신분 상승은 상류 사회를 위협했으며 이들은 유대인들이 혁명, 공화국, 기술, 자본주의의 배후 세력으로 가톨릭교회 중심의 전통적인 사회질서를 위협한다고 보았다는 것이다. 또 보불전쟁 이후 군 개혁의 일환으로 능력 있는 유대인 장교에게 군문을 개방한 것도 귀족 출신 장교들의 반발을 가져왔다고 했다.

프랑스 역사학자 베르트랑 티리에 Bertrand Tillier 는 저서 『Les artistes et l'affaire Dreyfus, 1898-1908 예술가와 드레퓌스 사건, 1898-1908』에서 당시의 프랑스 사회상을 생생하게 묘사하고 있다. 평소 비정치적인 화가들도 드레퓌스파 피사로, 모네, 뤼스 등 와 반드레퓌스파 드가, 르누아르, 세잔 등 로 갈릴 정도로 그 당시 프랑스 사회는 극도의 분열상을 보였다는 것이다. 이 와중에서 조각가 로댕은 중립을 지켰다고 한다. 드레퓌스를 지지한 예술가들은 그들의 행동이 '도덕적인 책임 responsabilité morale'을 다하기 위해서였다고 말한다.

드레퓌스 사건에 대해 애매한 입장을 취했던 가톨릭교회는 프랑스가 가톨릭 뿌리를 되찾아야 다시 위대해질 수 있다고 주장했는데 많은 가톨릭 신자들은 파리 몽마르트르 언덕에 새로 건립된 Sacré-Coeur 성심성당보다 더 높이 올라간 에펠탑을 못마땅하게 여겼으며 우파 언론은 에펠탑을 유대인에 비유했다고 한다.

그러나 드레퓌스파의 승리는 오래가지 못했다. 수구 세력들의 복수가 시작된 것이다. 졸라는 "J'accuse"의 명예 훼손 소송에서 패소하고 1902년 의문사 한다. 드레퓌스는 졸라의 추도식에서 우익 기자에게 폭행을 당하나 이 기자는 곧 무죄 방면된다. 반드레퓌스 국수주의자들은 1914년 독일과의 전쟁으로 프랑스를 끌어들이는 데 앞장선다. 1차 세계대전이 끝나자 더 큰 비극이 찾아왔다. 1940년 프랑스에 친독 비시 정부가 수립되고 7만 5,000명의 프랑스 시민이 나치 수용소로 추방된다. 드레퓌스파들이 축출했다고 생각했던 어두운 세력이 유럽을 휩쓸게 된 것이다.

그러나 이러한 우여곡절에도 불구하고 드레퓌스 사건은 프랑스 현대사의 분수령으로 국내외에 돌이킬 수 없는 개혁과 변화를 가져왔다. 프랑스에서는 가톨릭교회의 정치 개입 차단을 위해 1905년 정교분리법 la loi sur la séparation des Églises et de l'État이 제정되었고 드레퓌스 석방을 위한 프랑스 언론의 역할은 20세기 언론 캠페인의 모델이 되었다. 또 작가, 예술가, 사상가 등의 드레퓌스 석방 운동 참여는 지식인intellectuel들을 사회 변화의 세력으로 등장시켰다. 〈나는 고발한다!J'accuse!〉란 제목의 격문을 쓴 에밀 졸라의 유해는 프랑스 위인들을 기리는 팡테옹에 안장되었다. 한편 드레퓌스 사건을 취재한 오스트리아 작가 테오도르 헤르츨Théodore Herzl은 시오니즘을 창설하여 이스라엘을 건국했다. 그는 '단지 유대인이라는 이유 때문에 불의를 당했다. 프랑스같이 계몽된 나라에서도 이런 일이 일어난다면, 유럽에서 유대인이 동화한다는 것은 선택이 될 수 없다'고 시오니즘 창설 이유를 밝혔다.

그러나 정작 드레퓌스 본인은 그가 당한 부당한 처사에 대해 별로 분노를 표출하지 않고 옥살이로 악화된 건강에도 불구하고 1차 세계대전에서 공훈을 세워 중령으로 전역하면서 프랑스 최고 훈장인 레지옹 도뇌르Légion d'Honneur를 받았다. 그는 1935년 타계했다.

베글리는 드레퓌스 사건을 일으킨 '수구적인 본능atavistic impulse'이 세계 도처에 아직도 살아 있다고 경고하면서 국가이성을 이유로 인간의 존엄성이 훼손될 때 이를 막을

'드레퓌스파'가 앞으로도 나오겠느냐고 질문한다.

프랑스에서도 드레퓌스 논쟁은 아직 끝나지 않았다. 프랑스에는 아직도 시대착오적인 국수주의와 외국인 혐오 xénophobie를 공공연히 외쳐대는 국민전선Front National 이란 극우정당이 있다. 그러나 프랑스 보수와 진보의 주류 정당들은 이런 세력을 배척한다. 프랑스의 양심 있는 시민들도 마찬가지다.

유럽 의회 선거에서 국민전선이 선전한 것을 보고 프랑스의 미래를 우려하는 사람들이 있다. 과연 프랑스가 퇴행적 국수주의의 유혹을 뿌리칠 수 있을까? 그 해답은 프랑스 역사에 있다. 바로 드레퓌스 사건에 있다. 프랑스의 '교양시민'들은 국가가 도덕적인 기로에 처했을 때 침묵하지 않고 정의를 선택했다. 이러한 전통은 쉽게 무너지지 않을 것이다. 앞에서 살펴본 2002년 대선이 좋은 예다. 당시 1차 투표에서 '국민전선'의 당수 르펜이 사회당 후보 조스팽을 누르고 2위를 차지, 결선투표에 시라크 당시 대통령과 함께 진출하자 프랑스 지식인들은 이 결과를 '공화국의 수치'로 규정했고 10만 명이 넘는 시민이 거리로 뛰쳐나와 대규모 항의 시위를 벌였다. 《르 몽드》와 《리베라시옹》 등 좌파 언론과 자크 랑 등 사회당 중진들까지

나서 이념을 초월하여 우파인 시라크를 뽑자고 국민에게 호소했다. 르펜이 주장하는 증오와 불관용의 국수주의는 피로써 쟁취한 '공화국의 가치 valeurs républicaines'에 정면으로 배치되기 때문이다. 결국 시라크는 결선투표에서 압도적인 지지로 당선되었다. 프랑스가 '인권의 나라 Patrie des droits de l'homme'라는 것을 실증한 사건이다.

3. 팡테옹과 시대 변화

파리는 도시 전체가 하나의 박물관이라는 말이 있다. 그만큼 볼거리가 무궁무진하다는 얘기다. 이 중 무엇을 볼 것인가는 관광객의 취향과 체류 기간 등에 따라 결정해야 한다. 관광 전문 업체들은 초행자들을 위해 대개 10개 정도의 '필수 코스'를 제시하나 그 내용은 각기 다르다. 그만큼 많은 유적과 명소가 있기 때문이다.

이 글에서는 개선문, 에펠탑, 루브르 박물관, 노트르담 성당만큼 일반적으로 널리 알려진 명소는 아니나 고급 여행자들이 프랑스의 진정한 정체성을 발견하기 위해 꼭 찾아야 할 곳 하나를 소개하고자 한다. "위인들에게 조국은 감사한다AUX GRANDS HOMMES LA PATRIE RECONNAISSANTE"
라는 문구가 건물 정면에 새겨져 있는 웅장한 돔 양식의
팡테옹le Panthéon이다. 이곳은 빅토르 위고, 볼테르, 루
소, 에밀 졸라, 앙드레 말로, 퀴리 부인 등 프랑스를 빛낸
위인과 천재들의 유해가 안장되어 있는 일종의 국립묘지
다. 그러나 이곳은 미국의 알링턴 국립묘지나 영국의 웨
스트민스터 사원과는 성격이 다르다. 프랑스의 팡테옹에
는 전직 대통령이나 앙시앙 레짐L'Ancien Régime의 왕족은
찾아볼 수 없기 때문이다. 프랑스의 전직 대통령들은 대
개는 가족 묘지에 안장되었고 왕족들은 파리 외곽의 생
드니 성당 등 다른 곳에 안치되어 있다.

파리의 유서 깊은 '라틴 구역le Quartier latin'에 위치한 팡
테옹은 "죽기 전에 꼭 봐야 할 세계 건축" 중의 하나로 꼽
는 이들이 있을 정도로 대표적인 신고전주의 건축물이다.
원래는 루이 15세1715~1774년 재위가 파리의 수호성인인
생트 주느비에브에게 헌정하기 위해 성당으로 지은 건물
이지만 프랑스 대혁명과 함께 이곳의 지하묘지는 프랑스
혁명에 공헌한 인물들의 묘지가 되었고 명칭도 그리스어
로 '만신전萬神殿'이란 뜻의 팡테옹으로 변경되었다. 1791
년 혁명가 미라보가 이곳에 묻히는 최초의 인물이 되었으

나 그가 왕실과 내통했던 사실이 드러나면서 그의 유해는
3년 후 팡테옹에서 추방된다. 1885년 빅토르 위고의 유해
가 이곳에 이장되었고 이를 전후하여 다른 문인들도 여러
명 묻히게 되었다.

팡테옹은 시대 변화에 맞추어 프랑스의 위인들을 기리
는 '공화국의 전당 un temple républicain'으로 계속 진화해왔
다. 나폴레옹 시절에는 팡테옹 안장 대상자를 나폴레옹
일인이 독단적으로 결정했으나 3, 4공화국에서는 의회에
서, 현 5공화국에서는 대통령이 여론과 관계기관의 자문
을 받아 결정한다. 안장 대상자는 사후 바로 안치되는 것
이 아니라 역사적인 평가를 거쳐 상당한 세월이 지난 다

1778년 볼테르 사후 13년 만에 거행된 팡테옹 안장식 © Wikipédia

음에야 심사 결정한다.

퀴리 부부는 1995년 이장되었으며 『삼총사』를 쓴 프랑스의 대 문호 뒤마는 흑백 혼혈의 혈통과 작품의 통속성 등을 이유로 팡테옹 이장을 두고 학계에서 논란이 일었으나, 2002년 시라크 대통령의 결정으로 사후 132년 만에 팡테옹에 안장되었다.

금년 2월 올랑드 대통령은 팡테옹이 '금녀禁女의 공간'이 되어버렸다는 여성계의 항의를 수용, 2차 세계대전 당시 나치에 맞서 레지스탕스로 활약했던 주느비에브 드골 안토니오즈 등 여성 2명과 남성 2명 등 총 4명의 유골을 팡테옹으로 이장하기로 결정했다.

현재 팡테옹에 묻힌 78명 중 여성은 퀴리 부인과 소피 베르틀로 두 명뿐이다.

하지만 후자는 화학자인 남편 마르셀랭 베르틀로Marcellin Berthelot를 따라 합장됐기 때문에 순수하게 자신의 업적으로 안장된 여성은 퀴리 부인 한 명뿐이다.

프랑스에서는 여성이 투표권을 획득한 것이 1944년인데 이는 핀란드보다는 40년, 독일과 영국보다는 25년 늦은 것이다. 또 프랑스는 영국, 독일, 덴마크, 한국 등과는 달리 아직 여성 지도자를 배출하지 못했다.

이번에 팡테옹에 안장된 고 주느비에브 드골 안토니오즈 여사는 드골 전 대통령의 조카이며 프랑스 문화성 고위 관료를 지낸 고 베르나르 안토니오즈 Bernard Anthonioz 씨의 부인으로 이들 부부는 한국의 친구이며 재불 한국 예술인들에게는 고마운 은인이었다. 1997년 10월 파리 한국문화원에서 개최된 '베르나르 앙토니오즈 추모전'에는 주느비에브 드골 안토니오즈 여사와 함께 이들 내외와 교분이 있던 자크 시라크 당시 대통령이 직접 참석을 하여 자리를 빛내주었다.

4. 문화대국 프랑스

프랑스는 자타가 공인하는 문화대국이다. 17~19세기는 러시아를 포함한 유럽의 지식인들이 프랑스어 구사하는 것을 뽐내던 시대였으며, 18세기는 유럽의 궁정에서 프랑스어가 공용어 langue officielle로 사용될 정도로 프랑스 문화가 유럽을 풍미하던 세기였다.

오늘날도 프랑스 하면 세계인들은 문화와 예술을 떠올리고, 파리는 많은 문화·예술인들에게 선망의 도시다. 프랑스 철학자 앙리 베르그송Henri Bergson의 주창으로 탄생하게 된 UNESCO UN 교육, 과학, 문화기구가 파리에 본부를 두고 있는 것도 세계 문화 수도로서의 파리의 상징성 때문일 것이다.

프랑스가 문화대국이 되고 또 그 지위를 계속 유지하고 있는 데에는 무엇보다도 앙시앙 레짐부터 현 제5공화국까지 일관되게 추진되고 있는 국가 주도의 중앙집권적 문화정책이 결정적인 역할을 한다. 프랑스 문화관료 출신 언론인 자크 리고Jacques Rigaud는 "문화 정책에 있어서 어떤 나라도 정치적 의지나, 재정지원, 또는 행정조직 면에서 프랑스를 따라올 나라가 없다"고 말한다. 프랑스의 국가 주도 문화정책에 대해 미국식 자유시장 경제 원리로 가야 한다는 국내외의 비판이 없는 것은 아니다. 그러나 이 정책은 프랑스 여론의 폭넓은 지지를 받고 있다. 왜냐하면 프랑스인들에게 프랑스 문화와 프랑스어를 지키고 발전시켜 나가는 일은 국가 정체성 내지 주권에 귀착되는 중대한 사안이기 때문이다.

국제 통상에서 "문화적 예외l'exception culturelle"를 주창해온 프랑스는 EU 회원국 및 불어권La Francophonie 국가들과 연대하여 "문화다양성" 운동의 선봉장 역할을 자임하고 있으며 UNESCO의 '문화다양성 협약'을 이끌어내는 데 주도적인 역할을 했다. 이는 2차 세계대전 이후 대두된 미국의 문화적 패권을 견제하고 각국의 다양한 문화, 특히 프랑스 문화와 프랑스어, 그리고 프랑스어를 공용어로 하는 문화권을 보호하기 위한 것이다. 프랑스는 적극적인 정부 지원책에 힘입어 유럽에서 유일하게 할리우드의 블록버스터에 대항하여 자국 영화산업을 지키고 있는 나라다. 프랑스 영화계가 우리 정부의 스크린쿼터 정책에 강한 연대감을 보이는 것도 이런 맥락에서다.

2002년 파리에 근무할 때의 일이다. 파리에 본사를 둔 다국적 기업인 비방디 유니버설Vivendi Universal, 음악, 영화 등 오락산업과 통신업체의 프랑스인 사장 장 마리 메시에Jean-Marie Messier가 뉴욕의 한 기자회견에서 "프랑스의 문화적 예외는 사망했다"고 선언했다. 이 사실이 언론을 통해 알려지자 프랑스 언론은 물론 프랑스 조야가 좌우익 할 것 없이 일제히 그를 맹비난하고 나섰다. 그는 결국 이 일이 있은 후 얼마 안 돼 사임하고 말았다. 나는 이 사건을 통하여 프랑스의 문화적 정체성을 극명히 확인할 수 있었다.

프랑스의 군주 중 문화·예술의 후원자로 가장 높이 평가받는 이는 "태양왕"이라 불렸던 절대왕조의 화신 루이

루이 14세 ⓒ Wikipédia

14세였다. 섭정기간을 포함해 1643~1715년 재위한 루이 14세는 자신도 발레리노로서 당대의 최고 문인, 극작가, 음악가 등을 베르사유 궁전에 초대했으며 파리오페라극장 l'Opéra de Paris과 코메디 프랑세즈 la Comédie-Française 등 당시 수준으로는 호화, 대형 국립극장을 건축했다. 그는 또 프랑스를 군사강국이자 문화대국 puissance culturelle으로 만들어 유럽의 다른 나라들이 프랑스를 "두려워하고, 존경하게" 만든 강력한 군주였다.

현대에 와서 프랑스 문화행정의 기틀을 마련한 사람은 1959년 프랑스 제5공화국의 초대 문화장관으로 취임한 작가이자 반反파시스트 운동가 앙드레 말로 André Malraux다. 위대한 프랑스의 영광을 되찾자는 구호로 프랑스인들의 마음을 사로잡았던 드골 대통령의 정치적 동지로 그의 전폭적 신임을 받았던 말로는 500년간 산재

해 있던 국가 문화기관들을 통합하여 문화부를 창설한 후 드골 정부의 선임장관Ministre d'Etat으로 장장 10년간 재임했다. "예술가들의 복지지원과 모든 이들의 문화 접근la protection sociale pour les artistes et l'accès pour tous à la culture"으로 집약되는

앙드레 말로 ⓒ Roger Pic — Bibliothèque nationale de France

그의 정책은 프랑스 제5 공화국 헌법에 명시되어 있는 국민의 문화향수권'le droit à la culture', the right to culture을 구현하고 문화를 민주화함으로써 현대 프랑스 문화 행정의 초석을 놓은 것으로 평가되고 있다. 그의 서거 20주년인 1996년 그의 유해가 프랑스 위인들의 묘소인 팡테옹 신전에 안치되었다는 것은 말로란 거인에 대한 평가일 뿐만 아니라 문화가 프랑스에 무엇을 의미하는지를 웅변해주는 헌사다.

오늘날 프랑스 문화부는 "Ministère de la Culture et de la Communication문화공보부"이란 명칭으로 문화재의 보

존관리, 박물관, 고고학, 고문서, 무형문화재, 건축, 음악, 무용, 연극 등 공연 예술, 조형예술, 사진, 도서, 영화, 문화 산업, 방송 및 인쇄 매체 관련 업무 등 방대한 업무를 관장하는 대형 부처다. 그리고 프랑스의 문화 행정은 이웃나라들도 부러워할 정도로 성공한 문화 정책 모델로 평가받고 있다.

세계화 물결을 타고 영어 공용화 주장을 하는 인사들도 있다. 인터넷 시대에 영어의 중요성은 아무리 강조해도 지나치지 않을 것이다. 그러나 프랑스의 예를 보면서 문화국가로 국제사회의 존경을 받기 위해서는 영어를 잘하는 것 못지않게 중요한 것이 자국의 언어와 문화를 잘 지키고 더욱 발전시켜 이를 후대에 잘 물려주는 것이 아닌가 하는 생각을 하게 된다.

5. 이원집정제와 동거정부

요 근래에 와서 우리 사회에 '책임총리'란 말이 자주 등장했다. 대선 주자들이 선거 공약으로 '책임총리제'의 구현을 '약속'하기도 하고 기자들이나 야당의원들이 총리

후보자에게 책임총리를 할 용의가 있냐고 추궁하기도 한다. 또 어떤 정치인들은 '프랑스식 이원집정제'를 거론하면서 우리도 이런 제도를 도입하여 '제왕적인 대통령'에게 권력이 집중되는 것을 막아야 한다고 주장한다.

그러나 이러한 주장은 소위 '프랑스식 이원집정제 régime parlementaire biprésentatif'의 몰이해에서 비롯된 것이다. 1958년 알제리 독립 문제와 관련하여 프랑스 제4공화국 내각이 무너지자 드골은 정계에 복귀한다. 그는 선거인단의 간접선거로 프랑스 제5공화국 초대 대통령에 선출된다. 카리스마의 정치인 드골은 강력한 대통령제를 원했다. 그래서 그는 1962년 대통령의 정통성과 통치권 강화를 위해 국민투표를 통한 개헌을 추진, 대통령 직선제를 도입한다. 1848년 12월 나폴레옹 1세의 조카인 루이 나폴레옹 보나파르트가 남성 유권자들의 직접 투표로 대통령에 당선된 이래 처음이다. 드골은 1965년 12월 사회주의자인 프랑수아 미테랑을 누르고 55.20%의 득표율로 직선대통령에 당선된다. 1차 선거에서 과반 득표를 얻은 후보자가 없는 경우 득표수에서 상위 두 후보를 대상으로 2주 뒤 다시 투표를 하여 최종적으로 승자를 정하는 선거 방식이다. 드골의 주도로 입안된 프랑스 제5공화국의 헌법은 국가 원수 chef de l'Etat 인 대통령에게 외교, 국방, 내치에 걸치는 방대한 권한과 의회 하원 해산권을 부여하고 있다. 반면, 총리는 의회에 대해 책임을 지게 되어 있어 하원 Assemblée nationale 이 대정부 불신임 결의를 가결할 경우 내각은 총사퇴해야 한다. 프랑스 입법부는 하원우위의 양원제다. 따라서 대통령과 의회 하원 다수파가 일치하는 경우 concordance des majorités présidentielle et parlementaire 대통령은 여당 출신의 총리를 임명하여 외교, 국방은 물론 경제를 포함한 내치까지 통할하면서 제5공화국 헌법이 부여한 막강한 권한을 행사하게 된다. 이 경우 대통령제적인 성격을 띤다. 1958년부터 1986년까지가 그랬다.

그러나 하원이 여소야대가 되면 대통령은 야당 출신 총리를 임명해야 하며 소위 동거정부 cohabitation 가 출범하게 된다. 총리는 헌법에 규정되어 있는 각료 제청권을 십분 행사하게 된다. 이 경우 대통령은 반쪽 대통령이 되며 실권 총리와 미묘한 대립관계에 놓인다. 프랑스식 이원집정제가 실제로 작동하게 되는 것이다. 동거정부가 탄생하게 되면 내치는 야당 출신 총리가 명실상부한 정부 수반 chef du gouvernement 으로 주도하게 되며 관습적으로 대통령의 영역인 외교와 국방도 대통령과 총리가 공동으로

운영하게 된다. 따라서 각종 정상회의에 프랑스는 동거정부의 대통령과 수상이 같이 참석하는 진풍경이 벌어진다. 나는 파리에 근무하던 1980년대 후반과 2000년대 초반 이런 장면을 TV 보도 등에서 여러 차례 목격하면서 참으로 특이하다고 느낀 적이 있다.

프랑스 헌법학자 모리스 뒤베르제 Maurice Duverger 는 이런 프랑스의 정치체제를 의원내각제와 대통령제를 혼합한 '반≠대통령제 régime semi-présidentiel'라 명명했으며 다른 학자들은 '이원집정제 régime parlementaire bireprésentatif' 또는 동거정부가 아닌 경우 '대통령제식 의원내각제 régime parlementaire présidentialisé, presidential-parliamentary system'란 용어를 사용하기도 한다. 그러나 프랑스의 '반≠대통령제'나 '이원집정제'는 현실에서는 대통령제와 내각제의 합성 제도가 아니라 대통령제와 내각제의 순환으로 나타났다.

프랑스 제5공화국의 동거정부는 세 차례 있었다. 좌파 미테랑 대통령의 14년 재임기간 1981~1995 중 두 차례 1986~1988년과 1993~1995년, 총리: 자크 시라크, 에두아르 발라뒤르와 우파 자크 시라크 대통령 재임기간 1995~2007 중 한 차례 1997~2002, 총리: 리오넬 조스팽다. 그러나 제5공화국 56년의 역사 중 동거정부 기간은 9년에 불과하다. 제5공화국은 프랑스 공화국의 역사에서 제3공화국 1870~1940 다음으로 가장 안정적인 체제다.

1981년 5월 대선에서 승리한 프랑스 사회당의 미테랑 대통령은 사회당-공산당-급진좌파 3당 연합정부를 출범시켰다. 미테랑은 부유세를 신설하고 "다국적 기업의 횡포"로부터 프랑스를 보호하기 위해서라며 대대적인 기간산업 국유화를 단행한다. 또한 대통령과 각료의 봉급을 절반 삭감하면서 솔선수범했다. 미테랑은 자본주의를 '사회적으로' 관리하는 프랑스 모델을 만들었고, 이를 자본주의와 사회주의의 융합인 '혼합경제사회 société d'économie mixte'라고 불렀다. 그러나 경제상황은 더욱 나빠지고 그 결과 국민은 1986년 의회 선거에서 사회당을 응징했다. 여소야대 정국이 출현한 것이다. 그는 정적인 우파 자크 시라크를 총리로 임명하고 제5공화국 사상 최초의 좌우동거정부가 출현하게 되었다. 노회한 미테랑은 작은 정부와 민영화를 외치던 시라크가 자신이 국유화했던 기업들을 다시 민영화하게 내버려둔다. 빌 클린턴의 정치 참모였던 딕 모리스는 『Power Plays』란 저서에서 이는 미테랑이 상대의 '핵심적인 이슈를 빼앗아 가는'

전술을 구사한 것이라고 분석했다. 민영화를 이룬 뒤 시라크에겐 마땅히 내세울 것이 없었다. 1986년 중간선거 대패 이후 불과 2년 만에 실시된 대통령 선거에서 미테랑은 시라크를 누르고 대승을 거둬 재선에 성공했다. 득표율 면에서 시라크를 무려 14퍼센트포인트나 앞선 승리였다. 그러나 미테랑은 그의 14년 재임기간의 마지막 2년인 1993~1995년 또다시 좌우동거정부를 맞이하게 된다.

시라크 대통령은 좌우동거정부 시절인 1997~2002년 사회당 출신 리오넬 조스팽 총리의 인기 덕을 보았으며 동거정부가 끝나면서 재선에 성공한다.

프랑스에서 좌우공동정부의 역사는 깊다. 1848년 2월 2차 프랑스 혁명은 루이 필립의 복고왕정을 전복시킨 라마르틴의 자유파와 루이 블랑, 프루동의 사회주의연대가 최초의 좌우공동정부인 제2공화국을 세웠다. 이 정부는 일일 노동 시간을 파리에서는 10시간, 지방에서는 11시간으로 제한한다. 1944년 8월 드골은 파리에 레지스탕스 출신과 좌우파 거국정부gouvernement d'unité nationale를 구성했다. 이때 프랑스 사회보장법la sécurité sociale이 제정된다.

제5공화국의 좌우동거정부는 대통령의 독주는 견제할 수 있지만 민선 대통령과 야당 출신 총리 간의 대립으로 정국의 불안정을 초래하며 국정 효율을 떨어뜨린다는 비판을 받아왔다. 2000년 시라크 대통령은 대통령 임기를 7년에서 5년으로 줄이는 헌법개정안을 국민투표에 부쳐 통과시킨다. 이 법 개정으로 2002년부터 대통령 임기가 하원의원과 같이 5년으로 단축되고 같은 해 같은 달에 대통령 선거 직후 하원의원 선거를 실시하게 되면서 동거 정부의 출현 가능성은 매우 적어졌다. 사실상 대통령 책임제가 된 것이다. 이에 이어 2008년 사르코지 대통령의 주도로 추진된 제도 개혁으로 프랑스 대통령은 연속하여 두 번의 임기 총 10년만 재임할 수 있게 제한했다 limitation à deux mandats consécutifs. 종전의 14년에 비해 2년 줄었지만 아직도 미국 대통령의 8년보다는 2년 많은 것이다. 그리고 최소한 이론적으로는 러시아의 푸틴 대통령처럼 5년 쉬었다가 3선 또는 4선에 도전할 수 있는 여지를 남겨 두었다.

6. 제왕적인 대통령과 '보통' 대통령

프랑스는 200년이 넘는 민주주의 역사에도 불구하고

오랜 군주제와 중앙집권제의 전통 때문인지 서방 세계에서는 유례를 찾기 힘들 정도로 막강한 대통령제를 유지해왔다. 1958년 출범한 제5공화국 헌법하에서 프랑스 대통령은 국민의 직접 선거에 의해 선출되는데 1차 투표에서 과반수 득표자가 없는 경우 상위 득표자 2명에 대해 2차 투표를 실시하여 결정한다. 이는 유권자의 사표를 방지하고 대통령직의 정통성을 높이기 위한 조치다. 이렇게 선출된 대통령 le Président de la République 은 외교, 국방, 내치에 걸치는 방대한 권한을 행사하는 한편 의회의 불신임으로부터 면제되는 초월적 지위를 누린다. 단 앞에서 살펴본 것처럼 총선에서 여소야대 현상이 발생하면 대통령은 야당 출신 총리를 임명하여 동거정부 cohabitation 가 출범하게 되는데 1958년 출범한 제5공화국 역사에서 동거정부 기간은 9년에 불과하다. 또 앞서 언급했듯이 2002년부터는 7년이던 대통령 임기를 하원의원과 같이 5년으로 단축하고 한차례 연임 가능 같은 해에 대통령 선거 직후 하원 선거를 실시함으로써 동거정부의 출현 가능성은 매우 적어졌다. 사실상 대통령 중심제가 된 것이다.

그러나 시대의 변천과 함께 제왕적인 프랑스 대통령의 위상에도 변화의 바람이 불고 있다. 사회당 출신의 프랑수아 올랑드 François Hollande 프랑스 대통령은 '보통 대통령'이란 기치 아래 당선됐다. 그는 대선 유세 과정에서 자신은 대통령에 당선되면 항상 프랑스 국민에게 가까이 다가가려고 애쓰는 '보통' 대통령 un président 'normal' 이 되겠다고 선언했다. 프랑스 언론은 그의 이러한 발언을 제왕적인 프랑스 대통령직을 비군주화 démonarchiser 하겠다는 뜻이라고 풀이했다.

그러나 올랑드의 '보통 대통령' 구호는 사치스러운 라이프스타일로 프랑스 국민의 빈축을 샀던 사르코지 전 대통령과 자신을 차별화하기 위한 전략이기도 하다. 2007년 자신의 당선 축하연을 샹젤리제의 고급 식당인 푸케 Fouquet's와 억만장자 친구의 호화 요트에서 가졌던 사르코지는 임기 5년 내내 부자들의 대통령이란 비난을 면치 못했다. 이에 비해 올랑드는 5공화국의 대통령을 세 명이나 배출한 국립행정학교 ENA, 프랑스 고위 관료의 등용문임 출신의 엘리트이지만 중산층이 사는 파리 15구의 임대 아파트에 동거녀와 함께 살며 동네 식당, 빵집 등을 즐겨 찾는 서민적인 이미지의 사람이다. 그는 대통령 취임 후에도 이 아파트에 계속 거주하고 싶다고 해 경호 당국이 난색을 표하기도 했다.

그러나 의전과 허세를 줄이고 국민과 가깝게 소통하려는 올랑드의 서민 대통령 구호가 자신의 뜻대로 제대로 지켜질지에 대해서는 회의적인 시각도 적지 않다. 문제는 다른 유럽 국가라면 모르지만 프랑스의 국민들이 진정으로 '보통' 대통령을 원하느냐는 것이다. 프랑스 국민들은 아직도 정치권력을 신격화하는 경향이 있다. 《프랑스 수아르 France Soir》지는 "프랑스인들은 대체로 대통령을 '군주제의 대용품 un ersatz monarchique'으로 대하는 경향이 있어 대통령은 '대통령답기'를 원하며 또 그러기 위해서는 직책에 걸맞은 위엄이 있어야 한다고 생각한다"고 논평했다. 대통령실 출입기자단장인 《르 피가로 Le Figaro》지의 국방 전문 기자인 알랭 바를뤼에 Alain Barluet는 영국 BBC와의 인터뷰에서 '우리는 아직도 공화주의 군주제다 We are still a republican monarchy'라고 논평할 정도다.

프랑스 좌파 지식인이며 미테랑 대통령 보좌관을 지낸 자크 아탈리 Jacques Attali는 "올랑드도 미테랑처럼 단호하고, 국민과 거리를 두는 권위적인 지도자가 될 것이다. 그러나 단순함에 집착하여 위엄은 유지하면서 매우 투명한 대통령직을 수행할 것 같다"라고 내다보았다.

7. 올랑드 개각에 대한 단상

　지방선거에서 참패한 프랑수아 올랑드 대통령이 총리를 전격 교체하는 개각을 단행했다.

　2014년 3월 30일 치러진 프랑스 지방선거 2차 투표에서 지방의회 의원 총 20만 8,242명 중 집권사회당은 6만 7,100여 명의 당선자를 배출했다. 중도우파 대중운동연합UMP의 9만 6,200여 명에 크게 못 미치는 숫자다. 극우정당인 국민전선FN은 당선자를 1,490여 명 내며 선전했다. 이로써 집권사회당은 155개에 달하는 지방 도시를 야당인 대중운동연합UMP에 뺏기게 됐다. 이 중에는 지난 1세기 이상 좌파의 아성이었던 툴루즈, 랭스, 생 에티엔, 리모즈 등이 포함되었다. 한편, 극우정당인 국민전선도 이번 선거에서 11곳의 시장을 배출하며 역대 최고 성적을 기록했다. 프랑스에선 지방의원들이 시장을 호선한다. 중도 우파 성향의 《르 피가로》지는 이번 선거 결과를 야당 UMP의 당기黨旗색에 빗대어 '푸른 쓰나미vague bleue'라고 명명했으며 다른 매체들은 정치적인 지진un séisme이라고 했다.

　올랑드 정권 2년 만에 치러진 이번 지방선거는 중간평

가의 성격을 띠고 있는데 사회당의 패배는 올랑드의 경제 실정失政에 대한 평가라는 분석이다. 지난해 4분기 프랑스 평균 실업률은 10.2%, 특히 25세 이하 청년 실업률은 25%에 달했다. 지난해 국내총생산GDP 성장률도 0.3%에 그쳤다.

신임 총리는 사회당 내에서 가장 오른쪽에 있는 마뉘엘 발스Manuel Valls 전 내무장관52으로 이번 선거에서 파리 시 첫 여성 시장에 당선된 안느 이달고Anne Hidalgo와 같이 스페인 출신이다.

발스는 1962년 바르셀로나에서 유명한 화가의 아들로 태어나 파리에서 유학했으며 20세 때 프랑스로 귀화했다. 소르본 역사학 학사 학위밖에 없는 그는 프랑스 엘리트들이 거쳐가는 그랑제콜 출신도 아니고 이렇다 할 인맥도 없었으나 본인의 재능과 노력으로 외국 출신으로는 이례적으로 프랑스 총리 자리에까지 오른 인물이다. 소신 발언을 서슴지 않는 발스는 소통의 달인un vieux routier de la communication이라는 평가를 받고 있다. 그는 사회주의자socialiste라는 용어는 '시대에 맞지 않는다dépassé'는 주장을 하여 다른 사회당원들의 반발을 산 적도 있다. 발스는 17세인 1980년 미테랑 정권의 총리를 지낸 미셸 로카르 Michel Rocard를 지지하기 위해 프랑스 사회당의 당원이 된다. 이후 1997년부터 2001년까지는 리오넬 조스팽 총리의 홍보 보좌관으로 일했으며 2002년 하원의원에 당선 됐다. 로카르 전 총리는 RTL 방송과의 인터뷰에서 발스는 지성과 용기를 겸비한 인물이라고 극찬하면서 "시장 경제와 좌파 정책을 병행시킬 수 있을 것 capable de mener "une politique de gauche" dans l'économie de marché"이라고 평가했다. 발스는 2011년에 사회당 PS 대선후보 경선에 나섰으나 5위에 그치면서 당시 올랑드 후보 지지를 선언했다. 이후 올랑드 후보가 대통령에 당선되고 2012년 5월 내무장관에 기용됐다. 프랑스에서는 미국과 달리 귀화자도 대

마뉘엘 발스 프랑스 총리
(프랑스 정부 홈페이지)

안느 이달고 파리 시장 ⓒ Wikipédia

통령에 출마할 수 있다.

발스 총리는 프랑스에서 가장 인기 있는 정치인으로 꼽힌다. 내무장관 시절 '프랑스 최고 치안감'으로 불릴 정도로 범죄와 치안 문제에 엄격함을 보였다. 이런 면모 때문에 발스 총리는 우파 지지자들이 가장 좋아하는 좌파 정치인으로 자리 잡았다. 잘생긴 외모도 대중적 인기를 끄는 이유다. 최근 여론조사에 따르면 발스의 지지율은 46%로 20% 안팎에 그치는 올랑드의 배가 넘었다. 높은 지지율은 지난해 10월 15세 집시 소녀 추방 논란으로 불거진 사임 여론까지 잠재웠다.

올랑드 대통령이 자신보다 7년이나 젊고 잠재적인 경쟁자인 발스를 총리로 기용한 것은 자신의 '대통령직을 살리기 위한 sauver son quinquennat' 고육지책이라고 프랑스 언론은 분석했다.

스페인 출신의 발스와 이달고가 각기 프랑스 대권 도전에 교두보가 될 수 있는 총리와 파리 시장 직에 오르는 것을 보면서 나는 프랑스의 위대성을 다시 한 번 확인했다. 이는 나폴레옹이 말한 "La carrière ouverte aux talents 공직은 재능 있는 자에게 개방"을 구현하는 프랑스 méritocratie 능력주의의 전통에 부합하는 것으로 프랑스 저력의 원천이기도 하다. 프랑스는 역사적으로 쇼팽, 피카소, 샤갈 등 뛰어난 외국 예술가에게 문호를 개방하면서 예술 인재 영입의 선구자 역할을 해왔다. 이는 비단 문화 예술에만 국한되는 것이 아니고 정치에도 적용된다는 것을 발스와 이달고의 경우가 실증하고 있다. 프랑스의 어떤 정치인이나 언론도 이들이 외국 출신이라는 점을 문제 삼지는 않는다. 남녀 동수로 구성된 16명의 신임 장관 중 불과 36세의 나이로 여성, 도시, 청소년, 체육 장관으로 입각하는 나자 발루-벨카셈 Najat Vallaud-Belkacem은 모로코에서 온 이민 노동자의 딸이다. 또 법무장관과 해외영토 장관에는 각각 해외영토 출신의 흑인 여성이 기용되었다. 이런 능력에 입각한 다양성이 프랑스의 힘이다. 우리의 경우는 같은 동포인데도 한때 미국 국적을 가졌었다는 이유로 입각이 좌절된 적이 있지 않은가.

발스 신임 총리는 710만 명이 시청한 Tf1의 저녁 뉴스 회견에서 자신은 프랑스인들이 주지하다시피 스페인 출신으로 20세에 프랑스로 귀화했다는 사실을 상기시키면서 그래서 유럽에 애착도 있지만 자신이 "프랑스인이 된 것은 놀라운 일 C'est merveilleux d'être Français"이라고 말했다. 그는 자신은 모든 것을 부모와 프랑스의 공교육으로

부터 배웠다고 하면서 총리로서 프랑스 국민들이 그들의 국가와 정부에 대해 더욱 자부심을 가질 수 있도록 봉사하겠다고 말했다.

나는 이 인터뷰를 보면서 유럽 통합이 왜 가능했는지를 새로운 시각에서 이해할 수 있었다.

8. 좌파 정권의 우클릭

저성장과 10%를 상회하는 높은 실업률에 시달리는 프랑스 경제를 회생시키기 위해 프랑수아 올랑드 대통령은 지난 20개월간 추구해온 높은 수준의 세금과 공공 지출로 특징지어지는 전통적인 좌파 정책을 대폭 수정, 친기업, 성장 위주 정책으로 전환하기로 했다. 이와 같은 새 정책은 그의 신년사에서 이미 예고된 바 있지만 2014년 1월 14일 열린 연두 기자회견에서 구체적인 윤곽이 발표되었다. 올랑드 대통령의 사생활에 관한 파파라치성 폭로 기사로 국내외의 이목이 집중된 가운데 실시된 이 기자 회견의 시청자는 420만 명으로 지난해 5월 회견의 두 배가 넘었다.

이날 회견에서 올랑드 대통령은 경기부양을 위해 2017년까지 기업들의 사회보장부담금charges sociales 중 가족 수당에 해당하는 300억 유로약 43조 5,000억 원를 감해주는 대신 기업들은 일자리 창출을 약속하는 내용을 골자로 하는 이른바 '책임 협약le pacte de responsabilité'을 제안했다. 이와 함께 2017년까지 650억 유로의 공공 부문 지출도 줄이겠다고 약속했다. 가족 수당을 기업이 지원하지 않으면 정부는 이의 지급을 위해 다른 재원을 마련해야 하는데 이에 대한 구체적인 방안은 이날 회견에서는 밝히지 않았다.

올랑드 대통령의 경제 살리기 방안은 그 실현 가능성에 대한 엇갈리는 평가에도 불구하고 획기적인 정책 전환으로 국내외에서 긍정적인 평가를 받고 있다.

올랑드 대통령의 회견 하루 전인 13일 프랑스 기업인들을 대표하는 메데프Le Medef의 회장 피에르 가타즈Pierre Gattaz는 정부와 사전 조율이 있었던 듯 대통령의 정책 전환에 호응하여 향후 5년간 100만 일자리 창출 운동을 전개하겠다고 선언했다.

중도 좌파 성향 정론지《르 몽드》의 프랑수아즈 프레소즈Françoise Fressoz 논설위원은 올랑드는 이제 개혁가가 아니라 혁명가révolutionnaire라고 규정하고 그가 제시한 경제 회생책은 공급 정책la politique de l'offre에 방점을 둔 이념적 선회virage idéologique라고 평가했다. 그러나 그는 '공공 지출에 중독된 프랑스를 치료하고 기업과 화해시키기 위해서는désintoxiquer la France droguée à la dépense publique et d'essayer de la réconcilier avec l'entreprise' 끈질긴 노력이 필요할 것이라고 논평했다. 이는 높은 수준의 복지 혜택과 강성 노조 문화에 길들여진 프랑스인들을 빗댄 표현이다.

한편, 중도 우파《르 피가로》지는 올랑드 대통령의 신경제정책을 긍정 평가하면서도 긴축 약속은 지켜봐야 한다는 조심스러운 입장을 견지했다. 그러나 프랑스 공산당을 대변하는 일간지《뤼마니테L'Humanité》는 올랑드는 'Le Medef기업인 연합의 대통령'이라고 맹비난했다.

영국의《파이낸셜타임스The Financial Times》는 올랑드의 300억 유로 감세 정책을 "획기적a landmark payroll tax cut"이라고 평가하고 올랑드는 "그의 정권의 새로운 시작을 시도하고 있다Hollande seeks a fresh start in office"고 논평했다.

그러나 프랑스 정계의 반응은 여야에 따라 엇갈렸다. 장 마르크 애로Jean-Marc Ayrault 총리는 올랑드 대통령이 제안한 '책임 협약'은 기업인들이 투자하고, 혁신하고, 고용할 수 있도록investir, innover, embaucher 해주는 win-win 전략C'est gagnant-gagnant이라고 평가하면서 대통령의 우경화를 비판하는 강경 노선의 사회당 의원들도 결국은 이를 지지할 것이라고 낙관했다. 한편 지난 정부의 총리를 지낸 야당 UMP의 프랑수아 피용François Fillon은 민영 Tf1 TV와의 회견에서 대통령의 기업 회생 노력을 지지하겠다면서도 650억 유로의 공공 부문 지출을 줄이려면 공무원 수의 감축과 복지 혜택의 축소 등 사회당 정부의 기존 정책과 상충이 불가피한데 여권이 이를 전폭적으로 지지할지 의문이라고 말했다.

한편, 유로존 경제 회생을 위해 유로존 2위 경제대국인 프랑스가 구조적 개혁 등 과감한 경기 부양책을 취할 것을 촉구해온 EU와 독일은 올랑드 대통령의 발표를 환영했다.

독일의 경우 기업주의 사회보장 부담금은 4개 항목에 근로자 봉급의 약 20% 수준인 데 반해 프랑스의 경우는 20개 항목에 40%를 넘는다. 따라서 2,500유로의 봉급을 받는 근로자의 경우 프랑스 기업은 1,170.08유로의 사회보장금을 추가로 부담하고 있으나 독일 기업의 경우는 481.88유로를 지급하고 있다.

프랑스 정부의 정책 전환은 여야 할 것 없이 복지 확대에 매달리는 우리 정치권에게도 타산지석이 될 수 있을 것이다.

9. 부유세와 연대의식

"억대연봉 직장인, 박근혜 '한 마디'에…경악"

이는 복지 재원 확보를 위한 당시 박근혜 당선자의 증세안을 보도하는 한 경제지의 기사 제목이다. 우리나라의 경우는 아직 시작에 불과하지만 부유층의 조세 저항은 복지 국가를 지향하는 많은 선진국에도 공통된 현상이다. 이러한 저항은 특히 좌파 정권이 집권할 때 더욱 거세진다.

사회 복지의 전통이 오래된 프랑스에서는 국민배우 제라르 드파르디외 Gérard Depardieu의 '세금 망명'을 둘러싸고 열띤 찬반 논쟁이 일었다. 2012년 5월 집권한 사회당 정권은 연간 100만 유로약 14억 원 이상의 소득에 대해 2013년부터 최대 75%종전 최고 소득세율은 48%의 세금을 부과키로 하는 등 부자 증세 정책을 대폭 강화했다. 이에 베르나르 아르노 루이뷔통 회장은 2012년 8월 벨기에 국적을 신청했고, 드파르디외도 얼마 후 벨기에에 주택을 구입하면서 세금 망명 행렬에 합류했다. 벨기에에는 부유세가 없고, 소득·상속세율도 낮은 편이다.

하지만 기업인들과는 달리 국민배우로 칭송받는 그의 행동은 큰 논란을 불러일으켰다. 장 마르크 애로 총리는 공영 TV F2와의 회견에서 조세 회피를 위한 그의 벨기에행을 '정말 한심하다assez minable'고 비난했다. 그는 "세금을 내는 것은 연대 의식의 행위un acte de solidarité이며 애국 행위"라고 강조했다. '연대 의식'이란 프랑스 사회에서는 좌우 이념을 초월하는 중요한 시민적 가치다. 이에 드파르디외는 그에게 공개서한을 보내 "나는 지금까지 45년 이상 일하며 1억 4,500만 유로의 세금을 냈고, 지난해에는 소득의 85%에 해당하는 세금을 냈다"고 항변하며 현 정부가 "성공, 창작, 재능 등을 제재하기 때문"에 프랑스를 떠나겠다고 선언했다.

프랑스 정치권은 여야 할 것 없이 드파르디외의 세금 망명을 비난했다. 야당인 UMP의 차기 당수 장 프랑수아 코페Jean-François Copé는 드파르디외의 행동이 프랑스의 이미지를 위해서 '가슴 아픈' 일이라고 일단 유감을 표명하면서도 계속되는 재산의 해외 유출을 막기 위해서는 점진적인 조세 정책이 필요하다고 주장했다. 또 다른 우익 정치인은 유럽 국가 간의 조세 정책 공조를 제안하기도 했다.

그러나 영화계 스타들은 찬반으로 갈렸다. 카트린느 드뇌브 등 일부 유명 배우들은 드파르디외를 지지하는 한편 또 다른 배우들은 그를 비난했다. 언론의 반응은 매체의 이념 성향에 따라 다르게 나타났다. 우파 신문《르 피가로》가 의뢰해 실시된 한 여론 조사에서는 조사 대상의 40%가 드파르디외의 결정을 이해한다고 응답했으며 35%는 그의 행동에 충격을 받았다고 답했다. 관심 없다고 답한 사람은 25%였다. 한편 81%는 현 경제 상황을 감안할 때 부유층의 조세 부담을 늘리는 것은 '정당하다'고 응답했다. 그러나 중도 좌파 성향의《르 몽드》가 인용한 또 다른 여론 조사에서는 조사 대상의 92%가 프랑스에 사는 것에 만족한다고 답했다. 또 이 조사는 세금 때문에 프랑스를 떠나겠다는 생각을 해본 적이 있는 사람들은 약 3% 정도라고 밝혔다.《르 몽드》는 이 조사 결과를 보도하면서 일반적으로 프랑스인 하면 불평이 많고 비관적인 것으로 알려져 있지만 사실은 절대다수가 조국을 사랑하는 것으로 나타났다고 평가했다.

프랑스를 생각한다

'자유, 평등, 박애'의 발원지

Réflexions sur la France

2부 프랑스인들의
삶과
의식구조

2부
프랑스인들의 삶과 의식구조

1. 바캉스 문화

프랑스인들이 매우 중시하는 것 중에 빼놓을 수 없는 것이 바캉스다. 이는 미식문화와 함께 인생을 즐기는 프랑스인들의 삶의 철학과 관계가 있는 듯하다. 바캉스 문화는 서유럽 공통적인 것이지만 그렇다고 한 달씩 상점 문을 닫고 바캉스를 떠나는 것은 프랑스가 아니면 보기 힘든 풍경이다. 도시 문화의 발달과 함께 19세기 서유럽의 귀족과 유산 계급 사이에 유행하기 시작한 바캉스 vacances, 집을 비운다는 뜻의 프랑스어는 이제는 민주화되어 거의 모든 프랑스인들이 바캉스를 즐긴다.

프랑스의 경우 유급휴가가 처음 실시된 것은 1936년이다. 당시에는 연 2주였던 것이 점진적으로 늘어 1981년 이후 5주로 프랑스는 세계에서 법정 유급휴가가 제일 많은 나라가 되었다. '바캉스는 신성한Les vacances sont sacrées 것'이라고 말하는 프랑스인들은 경제 불황일 때도 다른 생활비는 줄이더라도 바캉스는 포기하려 하지 않는다. 또 바캉스에는 지위 고하가 없다. 대통령을 위시하여 각료들도 여름에 최소한 3주 정도의 바캉스는 가진다. 2003년 여름 파리에 근무할 때였다. 프랑스에 유례없는 폭염이 불어닥쳐 노약자 등 1만 5,000명의 사망자가 발생했다. 그러나 이 와중에 자크 시라크 당시 프랑스 대통령은 캐나다의 퀘벡 지방에서 8월 2일부터 3주간의 휴가를 마치고 21일 귀국했다. 여론의 비난에도 불구하고 국내 사태의 수습은 담당 관리들에게 맡기고 예정된 휴가를 중단하지 않은 것이다. 우리 같으면 상상하기 어려운 일이다. 그러나 내가 아는 프랑스인들 중에도 대통령도 휴가는 가야 하지 않느냐고 생각하는 사람들이 적지 않은 것을 보면 프랑스인들의 바캉스관觀이 어떤 것인지를 알 수 있다.

프랑스인들의 바캉스는 7, 8월에 집중되는데 통상 여름에 한 달 정도 쉬고 나머지는 자녀들의 스키 방학2월 또는 필요할 때에 활용한다. 7월에 바캉스를 가는 사람은 쥐에티스트juilletiste, 7월 휴가자, 8월에 가는 사람은 아우시엥aoutien 이라 하는데 간부나 임원 중에는 8월 휴가자가 많다. 따라서 한국에서 프랑스로 출장 가는 인사들도 휴가철 특히 8월에는 주요 인사를 만난다는 것은 기대하지 않는 것이 좋다.

바캉스 철이 되면 특히 7월 14일 프랑스 대혁명 기념일 이후 약 한 달간은 파리 시내의 차량이 현저하게 줄고 여

기저기 문을 닫는 상점들이 생긴다. 그렇다고 파리가 공동空洞화되는 것은 아니다. 에펠탑, 개선문, 루브르 박물관 등 관광 명소에는 외국에서 온 관광객들이 장사진을 이룬다.

또 휴가철이 되면 프랑스의 고속도로는 비싼 통행료에도 불구하고 영국을 포함한 유럽 각국에서 온 바캉스 차량으로 붐비면서 현대판 민족 대이동의 진풍경이 펼쳐진다. 산업혁명을 선도하여 경제 발전이 앞섰던 영국의 관광객들은 늘 휴가지로 프랑스를 선호해왔다. 북해, 대서양, 지중해, 드넓은 평원, 알프스 등 천혜의 지리적인 조건, 다양한 기후, 앵글로 색슨 문화와는 다른 문화 등이 그들을 유혹해 도버 해협을 건너 남진케 하는 것이다.

또 프랑스의 고속도로에는 휴게소마다 좋은 식당이 있어 그 지역 특유의 음식과 포도주를 선보이는데 휴가철에는 국내외 관광객들로 만원을 이룬다. '금강산도 식후경이다'란 진리의 보편성을 실감할 수 있다. 아마도 프랑스의 고속도로와 식당들이 휴가철마다 벌어들이는 관광수입은 엄청나리라!

《뉴스위크Newsweek》 파리지국장을 역임한 프랑스 전문 미국 언론인 테드 스탱거Ted Stanger는 신간 『신성한 바

TED STANGER

SACRÉES VACANCES!
une obsession française

Flammarion

프랑스 전문 미국 언론인 테드 스탱거의
저서 『신성한 바캉스! 프랑스적인 집착』

캉스! 프랑스적인 집착 Sacrées Vacances! Une Obsession française』에서 "프랑스인이 바캉스의 챔피언인 것은 주지의 사실"이라며 "가능한 한 빨리 세계의 가장 아름다운 도시로부터 벗어나려고 하는 파리지앵들, 대통령들의 수퍼 바캉스hypervacances présidentielles, 휴가철이 다가오면 중단되는 노사쟁의" 등 모든 프랑스인들이 만끽하는 바캉스 문화를 풍자적으로 묘사하면서 "그들은 무엇으로부터 그토록 탈출하려고 하는가"라는 익살스러운 질문을 던지고 있다.

알베르 카뮈는 『시시포스 신화』에서 신들이 내린 형벌로 다시 굴러떨어지고 마는 바위를 산꼭대기까지 영원히 다시 굴려 올려야 하는 그리스 신화의 시시포스에 현대인을 비유했는데, 단조로운 일상으로부터 탈출하려는 것은 우리 모두의 꿈이 아니겠는가?

2. 미식가의 나라

프랑스는 미식가gourmet의 나라다. 프랑스인들은 프랑스 요리La Haute Cuisine française가 세계에서 최고la meilleure cuisine mondiale라고 자부한다. 실제로 뉴욕과 런던 및 유럽의 다른 대도시, 그리고 도쿄에서도 최고의 식당은 항상 프랑스 식당이다. "오트 퀴진Haute cuisine, high cuisine이란 뜻"의 특징은 재료의 섬세한 맛을 살리는 손이 많이 가는 조리법과 정교한 서빙이다. 여기에 또 빼놓을 수 없는 것이 요리와 잘 어울리는 좋은 와인이다. 또 음식을 서브하는 종업원들도 잘 훈련되고 품위가 있어야 한다. "오트 퀴진"이란 타이틀 부여 및 등급 결정은 일반 손님처럼 가장하고 다니는 암행 평가자inspecteur들이 하는데 미슐랭 가이드Guide Michelin나 고미요GaultMillau의 평가는 권위가 있다. 수년 전 프랑스의 한 유명 요리사가 '고미요'의 점수 강등으로 자살하는 충격적인 사건이 발생했을 정도로 이 평가들은 위력이 있다.

프랑스인들의 식문화食文化에 대한 자존심은 대단하다. '프랑스인의 식도락le repas gastronomique des Français'은 유네스코 무형 문화재로 등재되었다. 여기에서 식도락이라

함은 "잘 먹고, 잘 마시는 기술l'art du "bien manger" et du "bien boire""을 뜻하는 것이다. 프랑스 각지에서는 토속 음식과 와인을 선보이기 위한 식도락 축제가 문화 행사 등과 함께 매년 개최된다. 프랑스 미식은 경쟁력 있는 프랑스 문화로 해외에도 수출된다. 우리나라의 경우에도 숙명여대에서 운영하고 있는 '르 꼬르동 블루-숙명 아카데미'는 110여 년 전통의 세계 최고의 프랑스 요리 학교인 '르 꼬르동 블루 인터내셔널'의 한국 분교다. 또 프랑스의 미식문화는 관광대국 프랑스로 여행자들이 몰려들게 하는 강력한 유인책 중의 하나다.

프랑스 미식이 이처럼 발달하게 된 데에는 여러 가지 이유가 있다. 소르본대 총장을 역임한 지리학자 장 로베르 피트Jean-Robert Pitte 교수는 저서 『프랑스의 식도락, 그 열정의 역사와 지리Gastronomie française. Histoire et géographie d'une passion』[1]에서 프랑스의 미식문화가 발달한 첫째 이유로 프랑스의 국토를 꼽는다. 서유럽의 노른자위를 차지하고 있는 프랑스는 기후와 토양이 다양한데다 바다북해, 대서양, 지중해로 둘러싸여 풍부한 농산물, 수산물, 축산물

---

1) 이 책은 미국에서도 번역 출간되었다. "French Gastronomy: The History and Geography of a Passion," Jean-Robert Pitte, April 2002, Columbia University Press.

등 양질의 다양한 식자재 조달이 가능하다.

피트 교수는 프랑스의 미식문화Haute cuisine가 프랑스의 많은 다른 위대한 유산처럼 '태양왕' 루이 14세 때 크게 발전했다고 설명한다. 대단한 미식가였던 그는 혼자 하는 만찬도 베르사유 궁전의 모든 이들이 지켜보는 가운

지리학자 장 로베르 피트의 『프랑스의 식도락, 그 열정의 역사와 지리』

데 하여 왕의 식사를 중요한 국사國事 차원으로 끌어올렸다. 한편 프랑스의 국교였던 가톨릭교회도 '탐식'이란 '죄'에 대해서만은 관대하여 이를 "형제적 친교親交"와 관련된 것으로 용인하였다 한다.

또한 프랑스 요리에는 치즈와 와인을 빼놓을 수 없는데 지역에 따라 그 종류가 다양하다.

68년 프랑스 학생혁명으로 하야해야 했던 드골 대통령이 "300종류가 넘는 치즈를 먹는 나라를 어떻게 통치하란 말이냐! Comment voulez vous gouverner un pays avec plus de 300 sortes de fromage!"라고 한탄했다는 얘기는 유명하다.

프랑스인들에게 포도주는 단순히 마시고 취하는 술이 아니라 하나의 예술품이다. 지역마다 다양한 포도주가 생산되는데 음식과 잘 어울리는 것을 골라 마셔야 한다. 또 포도주는 온도가 중요하다. 1997년 캐나다 총리 방한 때의 일이다. 당시 청와대 비서관으로 근무하던 나는 대통령 주최 국빈 만찬에 참석했다. 같은 테이블에 앉은 캐나다 인사가 적포도주를 한 모금 마시더니 왠지 만족스럽지 못한 표정을 지으며 잔을 다시 내려놓았다. 웬일인가 하고 마셔보았더니 냉장고에 보관했던 포도주가 나온 것이다. 적포도주는 실온에 보관하고 마셔야 제 맛을 음미할 수 있다.

프랑스 포도주는 전 세계에 애호가가 있는데 특히 영·미 지역에 연구가가 많다. 《뉴스위크 인터내셔널Newsweek International》의 편집인으로 CNN 시사프로 'GPS'를 진행하는 인도계 미국인 파리드 자카리아Fareed Zakaria는 와인 칼럼을 쓸 정도로 수준 높은 와인 애호가wine aficionado인데 그의 이력서에도 이에 대한 언급이 한 줄 들어가 있다. 수년 전 타계한 에드워드 케네디Edward Kennedy 상원의원도 프랑스 와인과 치즈를 상당히 좋아했던 것으로 알려져 있다. 또 영국인들 중에는 포도주 주요 산지인 보르도 지역에 포도밭을 소유하고 있는 사람도 있다. 최근에는 중국인들이 보르도 와이너리의 새로운 투자자로 등장하고 있다.

프랑스는 미식가의 나라이다 보니 좋은 식당들이 꽤 많다. 전 세계적으로 쓰이는 restaurant이란 단어도 불어에서 나온 것이고 고급 식당 문화도 프랑스에서 유래했다고 한다. 프랑스에서는 중요한 업무상 대면 접촉이 오찬을 통해 이루어지는 경우가 많다. 한편 만찬은 대개 여러 명이 하거나 부부 동반으로 한다. 프랑스 사람들은 한국인이나 미국인들과는 달리 업무상 조찬은 거의 하지 않는다. 오찬은 보통 한 시간 반 내지 두 시간 한다. 프랑스인들은 식탁에서 말을 많이 하기로 유명한데 포도주가 다소대화의 윤활유 역할을 하는 것 같다. 그렇다고 취하도록마시는 경우는 드물다. 대화가 끊이지 않으려면 대화 소재가 풍부해야 한다. 따라서 오찬 상대를 만나기 전에 그사람의 관심사가 무엇인지, 어떤 질문이 예상되는지, 또무엇을 물어봐야 할 것인지 등을 충분히 준비해야 한다. 대화 내용과 수준은 상대방에 맞춰야 하지만 프랑스의 식자층 인사들은 외국인이 프랑스 역사나 문화에 대해 관심을 보여주면 좋아한다. 나는 오·만찬 대화를 통해 프랑스에 대해 많은 것을 배울 수 있었다.

식탁에서의 대화 얘기가 나왔으니 생각나는 일이 있다. 파리문화원장 때의 일이다. 하루는 프랑스 인사들과 오찬을 겸한 회의를 하는데 한 사람이 지각을 했다. 그런데 발언은 제일 많이 하는 것이다. 그래서 식사는 어떻게 하나 보았더니 앞에 놓인 밀린 음식을 모두 먹어 치운 것이 아닌가! 나는 회의가 끝난 다음에 다른 프랑스인에게 이런 일이 어떻게 가능하냐고 물어보았다. 그랬더니 그의 답변이 걸작이었다. "프랑스인은 말하는 입과 먹는 입이 따로 있다"고. 어릴 때부터 훈련의 문제인 것 같다. 우리는 식탁에서 조용히 먹으라고 배우지 않았던가.

프랑스 식당에서는 계산서 l'addition를 손님이 달라고 할 때까지 가져다주지 않는다. 있고 싶을 때까지 있다 가라는 배려에서다. 그걸 모르고 한국에서 부임한 지 얼마 안 되는 사람들은 '빨리빨리' 문화에 젖어 식사가 끝났는데 계산서도 안 갖다 준다고 불평하는 경우가 있다. 또 별 두세 개짜리 고급 식당 등에서는 초대받은 여자 손님에게 가격이 안 적힌 메뉴를 주는 경우가 있다. 좋아하는 음식을 가격에 구애받지 않고 선택하게 하기 위한 배려에서다. 그러나 이 경우도 너무 비싸 보이는 음식은 주문하지 않는 게 초청자에 대한 예의다.

미식가인 프랑스인들은 외국 음식에 대한 호기심도 많다. 프랑스인들은 그 나라의 음식 수준을 보고 그 나라의 문화 수준을 생각하는 경향이 있다. 한번은 프랑스 인사를 초청해 파리에서 잘한다는 한국 음식점에서 식사를 했는데 식사가 끝난 다음에 "한국 음식의 맛이 이렇게 섬세한 것을 보니 한국은 분명 훌륭한 문화를 가지고 있는 나라일 거란 생각이 든다"고 말하는 것이다. 오래전에 들은 얘기지만 파리에는 중국 음식점이 천 개가 넘는다고 한다. 실제로 최고급부터 여러 수준의 중국 식당이 많다. 한식당은 내가 파리를 떠나던 2004년에 30개 정도가 있었다. 그러나 최상급의 중국 식당이나 일본 식당을 따라갈 만한 수준의 것은 별로 없었다. 세계 미식의 수도 파리에 한식 진출은 아직도 가야 할 길이 멀다.

한식 세계화 운동이 추진되고 있다. 그러나 서울에 국제적인 수준의 명품 한식당이 몇 개나 있는가? 한식당은 수지타산이 안 맞는다는 이유로 많은 특급 호텔에서 사라지지 않았던가? 세계 최고의 식도락의 수도로 부상하고 있는 도쿄에는 미슐랭 별 세 개(최고 등급)의 화식 식당이 셋이나 있다. 한 나라의 음식은 그 국민의 혼이 담겨 있는 문화다. 본고장인 서울에서도 한식이 푸대접을 받는다면 어떻게 세계화에 성공할 수 있겠는가?

3. '랑트레'의 결심

무더운 여름이 지나가고 바야흐로 가을의 문턱에 서 있다. 프랑스인들은 긴 바캉스를 마치고 일터로 복귀하는 것을 '랑트레la rentrée'라고 하여 신년 초 못지않게 특별한 의미를 부여한다. '랑트레'란 휴가를 마치고 일상으로 돌아간다는 뜻인데 이러한 행위가 이루어지는 9월 초를 뜻하기도 한다.

이때는 프랑스 사회가 일 년 중 가장 활기를 띠는 시기다. 대자연의 품 안에서 또는 평소와는 다른 환경에서 장장 한 달간의 '신성한 바캉스'를 즐기며 심신을 재충전한 휴가객들이 일터로 돌아오면서 프랑스 사회의 각 분야는 에너지가 넘쳐흐른다. 각급학교는 새 학년도를 맞이하고 정치 활동도 재개되며 휴가철을 맞아 중단되었던 노사분규도 다시 시작된다. 한편 프랑스의 가을은 무엇보다도 문화의 계절이다. 공연장의 행사 캘린더가 9월에 시작하여 다음 해 6월 또는 7월에 끝나는데 주요 문화 행사는 가을에 집중되어 있다.

이처럼 '랑트레'가 모든 활동과 생활의 기점이 되다 보니 프랑스인들은 신년 결심처럼 '랑트레의 결심 résolutions pour la rentrée'이란 것을 한다. 다음은 프랑스의 유력지 《르 피가로》가 제시한 10가지 '좋은 랑트레 결심'이다. 이를 통해 보통 프랑스 사람들의 생각이 어떤지를 엿볼 수 있기에 이 기사를 요약 소개하고자 한다.

'10가지 좋은 랑트레 결심 10 bonnes résolutions pour la rentrée'

1. 비운다 Je ferai le vide
머릿속과 장롱을 정리하여 필요 없는 생각과 물건 등을 버린다. 필요 없는 서류, 읽지 않고 쌓아둔 신문, 이가 빠진 그릇 등을 버리고 볼이 좁아서 안 신는 신발, 작거나 커서 안 입는 옷 등은 남에게 준다.

2. 여유를 가진다 Je prendrai le temps
센 강 다리 위를 떠가는 아름다운 구름들을 감상할 수 있는 여유, 사랑하는 사람들에게 사랑한다고 말할 수 있는 여유, 타인에게 예의 바르고 명랑하게 대할 수 있는 여유를 가진다.

3. 걷는다 Je marcherai

매일 걷는다. 처음에는 평소보다 한 정거장 먼저 내려 걷다가 점차 늘려나간다. 기자라면 걸으면서 취재 계획을 구상하고 이를 편집국장에게 설득할 논리를 개발한다.

4. 남을 돕는다 J'aiderai

매일 나의 도움이 필요한 사람을 찾아 돕는다. 무거운 짐을 든 사람이나 길 안내가 필요한 사람도 좋다. 모든 사람이 그렇게 하면 더 살기 좋은 세상이 될 것이다.

5. 감사하는 생활을 한다 J'aurai de la reconnaissance

감사하는 것을 잊지 않는다. 자전거 길을 만들어준 구청장에게 감사 편지를 쓴다. 나에게 감동을 준 작가에게, 내가 목욕할 때 흥얼거리는 노래를 부른 가수에게 감사 편지를 쓴다.

6. 불평하지 않는다 Je ne me plaindrai pas

불평은 피곤만 불러오지 도움이 되지 않는다.

7. 주소 수첩을 새로 바꾼다 Je referai mon carnet d'adresses

쓰던 수첩은 서랍에 넣어두고 새 수첩을 구해 그때그때 꼭 필요한 사람의 연락처만 새로 적어나간다. 리스트의 길이가 짧아질 것이다.

8. 전화로 호통 치는 대신 편지로 항의한다

Plutôt que de hurler au téléphone, j'écrirai

가스 공사나 철도 공사 등에 대한 불만 사항을 전화보다는 편지로 항의한다. 그래서 답장을 받는다.

9. 헌혈을 한다 Je donnerai mon sang

채혈하는 동안 나의 건강에 대해 감사하는 시간을 갖는다.

10. 교양을 쌓는다 Je me cultiverai

바쁜 와중에도 용기를 내어 발자크에 도전해본다. 읽고, 보고, 들어
야 할 작품들의 목록을 만들어 매달 연극 공연 1회, 고전 독파 1권,
새로운 음악 감상 1회의 기회를 갖도록 노력해본다.

이상이 10가지 결심들이다. 대단히 야심 찬 것들이다.
그래서 이 기사 서두에는 다음과 같은 '경구'가 있다. '지
옥으로 가는 길은 선의로 포장되어 있고, 랑트레로 가는
길은 선한 결심들로 단장되어 있다.'

4. 독특한 운전 문화

파리를 방문하는 사람들을 어리둥절하게 하는 것 중
에는 파리지앵들의 운전 문화가 있다. 일찍이 미국 작
곡가 조지 거슈윈 George Gershwin 은 그의 관현악곡 〈An
American in Paris〉에서 파리를 방문한 미국인 여행자의

놀라움을 자동차 경적 소리를 사용하여 묘사했다.

특히 신호등 없는 개선문 광장 로터리를 차들이 엉켜 돌아가면서 12개의 방사형 도로로 신속히 빠져나가고 들어오는 광경은 파리 아니면 보기 힘든 것이다. 이를 처음 보는 사람들은 파리지앵들의 '운전 실력'에 감탄하거나 또는 파리의 운전 문화는 대단히 무질서하다고 속단하기 쉽다.

그러나 이런 겉으로 보이는 무질서 속에 질서가 있다. 즉 '우측 우선priorité à droite' 통행권이다. 로터리 안에서 주행 중인 차량은 진입하는 차량이 있으면 정지 또는 양보해야 한다. 아슬아슬하게 보이는 운전에 비해 접촉 사고가 적은 이유는 파리의 운전자들이 이 규칙을 절대적으

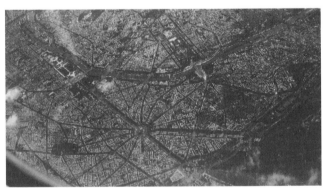

프랑스 파리 개선문광장 로터리식 회전교차로 ⓒ Gérard Janot

로 준수하기 때문이다.

　오래전 파리에서 운전을 배울 때 조수석에 앉았던 선배가 가르쳐준 요령이 생각난다. 즉 개선문 로터리를 돌 때는 오른쪽만 보라는 것이다. 과연 그렇게 했더니 개선문 운전의 공포를 쉽게 극복할 수가 있었다. 나의 왼쪽에서 오는 사람은 오른쪽의 나를 알아서 피해가기 마련이다.

　이 우측 우선의 원칙은 개선문뿐만이 아니고 파리 전역에 적용되는 아주 중요한 운전 규칙이다. 파리에서 처음 운전하는 사람은 오른쪽 길에서 튀어나오는 차를 조심해야 한다. 만약에 멋모르고 가다가 오른쪽에서 달려드는 차를 받으면 전적으로 왼쪽에서 오던 운전자의 책임이다. 처음에는 오른쪽에 길이 있는지 없는지 잘 보이지 않지만 시간이 지나면 보이게 된다.

　일단 적응이 되면 이 '우측 우선'이란 규칙이 교통질서 유지에 도움이 된다는 생각이 든다. 사고가 나도 분명한 기준이 있기 때문이다. 우리의 경우는 어떤가?

　들이미는 사람이 이기는 정글의 법칙이 지배하지는 않는가?

　프랑스에 정착하는 한국 사람들이 적응해야 하는 또 한 가지 프랑스적인 질서가 있다. 줄서기 아니 줄서서 기다리기다. 새치기는 금물이며 일단 줄을 서면 앞의 사람이 아무리 시간을 끌어도 재촉하지 말고 기다려야 한다. 우리같이 '빨리빨리' 문화에 익숙한 사람들은 답답할 때가 많다. 한번은 딸아이의 카메라를 사주러 상점에 가서 줄을 섰는데 바로 두 번째라 금방 내 차례가 올 줄 알고 기다렸다가 앞의 사람이 상담원에게 여러 가지 질문을 하며 시간을 끄는 바람에 무려 40여 분이나 기다린 적이 있었다. 그러나 프랑스인들이 즐겨 쓰는 표현대로 먼저 줄 선 사람의 '권리'이기 때문에 뭐라고 항의할 수가 없었다. 우리 기준으로 보면 프랑스 사람들은 대단히 느리다고 느껴질 때가 많으나 반면에 실수는 적다.

줄서기 얘기를 하다 보니 또 한 가지 생각나는 것이 있다. 프랑스인들은 개인 수표를 많이 사용한다. 복잡한 슈퍼마켓에서도 뒤에 기다리고 있는 사람들은 아랑곳없이 수표책을 꺼내 드는 사람들이 있다. 요즘은 카드도 많이 쓰지만 아직도 개인 수표가 널리 통용되고 있으며 이를 선호하는 사람들이 많다. 백화점이나 슈퍼마켓 등에서는 개인 수표 사용자에게 신분증을 요구하지만 고급 상점에서는 손님을 봐서 믿을 만한 사람 같으면 신분증을 요구하지 않는 경우도 많다. 개인 수표에 대한 높은 신뢰도는 프랑스가 신용사회임을 방증한다. 큰 액수의 지불은 수표로 하는 것이 통례다. 따라서 돈의 흐름이 투명하고 탈세가 어렵다. 이와는

프랑스 파리 개선문광장 회전교차로

대조적으로 같은 유럽이라도 스위스 같은 나라는 개인 수표를 받지 않는 곳이 많으며 카드나 현찰을 선호한다.

5. 문화 간 소통

요즘 한국 사회에서 소통이란 말이 중요한 화두가 되고 있다. 심지어는 소통 부재나 부족에서 오는 경제적 손실을 금액으로 환산한 보고서까지 등장했다. 특히 정치인들이 '소통'의 중요성을 강조하는데 막상 그들의 소통의 장이 되어야 할 국회는 '불통국회'가 되고 있으니 참 아이러니한 일이다. 의회란 뜻의 영어 단어 'parliament'는 불어 'parlement 말하다는 뜻의 parler가 어원'에서 유래하지

않았던가.

G20 정상회의 서울 개최를 계기로 한국이 21세기 세계의 중심 국가로 부상하고 있다. 이제는 국내 소통 문제만이 아니라 국제적 소통에 대해서도 진지하게 생각해봐야할 때다. 국제적 소통에서 핵심적인 요소는 물론 언어다. 그러나 언어의 중요성은 이미 지나칠 정도로 강조되고 있기 때문에 이 글에서는 필자의 해외 생활 체험을 토대로 언어 외적인 문제에 대해 성찰해보려고 한다.

1980년대 후반 파리에서 대사관 공보관으로 근무할 때다. 당시 대사관 본관 출입구에 들어서면 교환 겸 리셉셔니스트 역할을 하는 프랑스인 여직원이 앉아 있었다. 대사관 직원들은 하루 한 번 이상은 그녀 앞을 지나가게 돼 있었다. 나는 출근하여 그녀 앞을 처음으로 지날 때면 현지인들이 하는 대로 'bonjour Good morning 또는 Good Afternoon에 해당하는 인사말'라고 인사를 했다. 그런데 하루는 그녀가 나에게 한국 외교관 중에는 자기에게 bonjour라고 인사하는 사람이 나 외에 두 명밖에 없다고 말하는 것이 아닌가. 그 당시만 하더라도 불어 하는 우리 외교관이 많지 않았을 때니까 나는 이것이 언어의 문제라고 생각했었다. 그런데 그 후 영어권과 국내 근무를 하면서 유심히 관찰한 결과 나는 이 문제가 언어의 문제라기보다는 문화의 문제라는 결론에 도달했다. 왜냐하면 서양에서 Good morning이나 bonjour는 지위 상하에 관계없이 나중에 도착하는 사람이 먼저 와 있는 직원들에게 하는 것이 통례인데 우리 유교 문화에서 인사라는 것은 아랫사람이 윗사람에게 하는 것이다. 그러니 외교관 신분에 현지인 여직원에게 먼저 인사하는 것은 우리 사회의 통념으로는 받아들이기 어려운 것이다.

그 후 오랜 세월이 지나 2000년 4월 파리에 공사 겸 문화원장으로 다시 가게 되었다. 당시 파리 한국문화원에는 1980년대에도 나와 같이 근무했던 조르주 아르세니제빅Georges Arsenijevic 이란 프랑스인 전문위원이 있었다. 11세에 부모를 따라 구舊유고에서 프랑스로 이민 온 그는 프랑스 문단의 시인이며 한국과 한국 문화에 대해 깊은 애정을 가지고 있는 사람이다. 나는 그와 한국과 프랑스 문화의 차이점에 대해 많은 대화를 나누었다. 그런데 하루는 그가 나에게 다음과 같이 토로하는 것이었다. 한국 사람들과 같이 일하면서 가장 힘들었던 것은 한국인들의 '눈치 문화'라는 것이다. '눈치'란 말은 프랑스어에는 적확한 동의어가 없기 때문에 그는 '눈치'란 한국어를 그대로 사용했다. 프랑스인들은 그들의 문화나 의식 세계를 설명할 때에 'esprit cartésien 데카르트적 합리 정신'이라는 표현을 즐겨 쓴다. 즉 프랑스인들은 자신의 생각을 말과 글로 명료하게 표현하는 능력을 중시한다. 어렸을 때부터 가정이나 학교 교육에서, 즉 식탁과 교실에서 대화의 기술을 배우고 남의 말을 경청하는 훈련을 한다. TV에서도 정치인들의 토론을 자주 본다. 그것도 다들 잠자는 자정 이후에 방영하는 것이 아니고 많은 사람들이 볼 수 있도록 저녁 프라임 시간대에 한다.

이에 반해 한국인들은 의사소통에서 말이 차지하는 비

좌단이 조르주 아르세니제빅, 저자는 중앙

중이 상대적으로 적다. 말을 많이 하면 가볍게 보이는 전통 문화와도 관련이 있는 것 같다. 이런 과묵 문화는 나름대로 장점도 있을지 모르지만 때로는 오해를 낳기도 하며 지구화 시대의 소통에는 비효율적이다.

이런 문화 때문에 한국인들은 대화 기술이 빈곤하다. 따라서 의견과 시각 차이에 대해 관용을 가지고 대화하려 하지 않고 격분하는 경우가 많다. 이는 교육 수준이나 사회적인 지위와도 관계가 없는 것 같다. 상사는 물론 동료나 부하 직원에 대해 불만이 있을 때에도 말로 표현하기보다는 비언어적으로 불쾌감을 표출하여 눈치가 빠르지 못한 사람들을 당혹스럽게 만드는 경우가 많다. 또 분명하게 짚고 넘어가야 할 것도 상대방의 생각도 자기와 같으려니 하고 믿고 있다가 낭패하는 경우도 있다.

이제는 우리 전통의 아름다운 점도 살리면서 21세기 지구시민으로서의 소통 능력 함양에 노력을 기울여야 할 때다. 이를 위해서는 언어뿐만이 아니고 문화를 포함한 종합적인 교육이 이루어져야 할 것이다.

6. 언론과 공인의 사생활

도미니크 스트로스칸 IMF 총재의 '성폭행 미수사건'은 세계를 떠들썩하게 만들었다. 정치 지도자들의 섹스 스캔들이 새로운 일은 아니지만 '성폭행 미수' 혐의로 세계적인 명사가 기내에서 체포된 이 극적인 사건은 전 세계를 경악시켰고 프랑스인들에게는 특히 큰 충격을 안겨다 주었다. 프랑스 대선후보 여론조사에서 압도적 1위를 차지하던 스트로스칸은 프랑스 정계의 거물로 다음 대선에서 차기 프랑스 대통령으로 가장 유력시되던 인물이었다. 사회당 출신 조스팽 총리 내각의 재정·산업 장관을 역임한 그가 2007년 유럽을 대표하여 IMF 총재가 돼 워싱턴에 가게 된 것도 사르코지 대통령의 정적 관리 차원에서 이루어졌다는 설이 유력했었다.

프랑스인들이 이 사건으로 특히 큰 충격을 받은 것은 그들의 인기 정치인이 수갑을 찬 초췌한 모습으로 잡범들을 재판하는 미국 법정에 선 모습을 보는 데서 오는 모멸감 때문만은 아니었다. 프랑스인들은 그동안 미국 대통령이나 영국 왕실의 불륜 관련 보도는 보아왔지만 정작 자국 정치인들의 성일탈에 관한 뉴스는 별로 접할 기회가 없었다. 왜냐하면 프랑스 주류 언론은 미국 언론과는 달리 자국 정치인들의 사생활 관련 보도를 거의 금기시해왔기 때문이다. 사생활은 사적인 영역에 속하는 문제로 공적인 업무 수행과는 무관하다는 것이 이유였다. 또 프랑스와 미국은 정치 문화가 달라 프랑스에서는 선거 유세 시 미국에서처럼 배우자나 가족을 적극적으로 동원하지 않는다.

1981년부터 1995년까지 장장 14년간 재임한 프랑수아 미테랑 전 대통령은 재임 시 가진 기자 회견에서 혼외정사로 얻은 딸이 있느냐는 질문에 "사실이다. 그게 어쨌다는 것인가. 국민과는 아무런 상관이 없는 일이 아니냐"며 넘어간 적이 있다. 그러나 프랑스 정부가 미테랑 대통령 재임 시 그의 정부情婦와 사생아를 경제적으로 지원했을 뿐 아니라 경찰 경호까지 제공한 사실이 그의 사후에 드러나면서 정치 지도자의 사생활에 관대한 프랑스 국민들이라지만 배신감을 느끼지 않을 수 없었다.

자크 시라크 전 대통령도 예외는 아니다. 시라크의 부인 베르나데트 여사는 수많은 여성편력이 있는 '잘생긴' 남자와 같이 산다는 것이 어려웠다는 말을 한 적이 있다.

프랑스는 대혁명으로 세계 민주화를 선도한 나라지만

오랜 군주제 전통 때문인지 프랑스 대통령은 미테랑 시절만 하더라도 국부에 가까운 권위를 누렸다. 그러나 국민투표를 통해 2002년부터 대통령 임기가 7년 중임에서 5년 중임으로 줄어들면서 대통령의 위상에도 변화가 오고 있다.

미테랑 정부에서 외무장관을 지낸 롤랑 뒤마Roland Dumas는 한때 시리아 국방상의 딸과 애인 관계로 알려졌었는데 프랑스 언론은 이를 사생활의 문제라고 기사화하지 않았다. 그러나 뒤마의 당시 직책을 고려할 때 이를 과연 사생활로만 치부할 수 있을까.

또 2007년 대선 때 사회당 후보였던 세골렌 루아얄Ségolène Royal은 계약결혼 상대이며 그녀의 네 자녀의 아버지인 당시 사회당 당수 프랑수아 올랑드와 헤어진 상태였지만 언론은 이를 사생활이라고 보도하지 않았다. 이밖에 다른 사례도 많이 있다.

프랑스 시사 주간지 《르 푸앙Le Point》의 대기자인 소피 쿠아나르Sophie Coignard는 저서 『L'omertà française 프랑스적 침묵의 계율』에서 프랑스는 "낡은 군주제 공화국notre vieille république monarchique"이라며 프랑스 공화국의 표어인 "자유, 평등, 박애Liberté, égalité, fraternité"에 '기밀機密,

confidentialité'을 추가해야 한다고 비꼬았다. 그에 의하면 프랑스 사회에는 '비밀의 법칙la loi du secret'이 있어 정치인, 기업 총수, 언론인 등 기득권층이 그들의 배타적 입지를 지키기 위해 역기능과 스캔들을 은폐하고 있다는 것이다.

그러나 이 주장에 대한 반론도 만만치 않다. 반론자들은 프랑스 사회는 계속 진화하고 있으며 20년 전 같으면 은폐되었을 이른바 엘프-뒤마 사건 같은 비리들이 속속 폭로되고 있다는 것이다. 이들은 또한 공인의 사생활 노출이 지나치면 영미식 일탈로 흐를 수 있기 때문에 다수의 프랑스인들은 이러한 침묵의 법칙을 암묵적으로 지지하고 있다고 반박한다.

그러나 프랑스 언론 일각에서는 스트로스칸 사건을 계기로 자기 성찰의 목소리가 흘러나왔다. 《르 몽드》지 전 주필 알랭 프라숑Alain Frachon은 《뉴욕 타임스》와의 인터뷰에서 "프랑스 언론은 정치권력을 가진 자들을 다룰 때 소심하다. 정치인들의 아이디어는 토론하려 하지만 그들의 사생활에 대해서는 조심스러워 한다. 그러나 범죄 행위의 경우는 달라야 한다. 그것은 국가적인 침묵의 대상이 될 수 없다. 20년 전하고 같을 수는 없는 것이다"라고 말한다.

프랑스 언론의 오랜 전통이었던 정치인 사생활의 비보도 관행이 앞으로 어떻게 바뀔지는 두고 보아야 할 것 같다. 그러나 스트로스칸 사태가 모종의 변화를 가져오는 기폭제가 될 것만은 틀림없다. 미국 언론도 케네디 대통령 시절에는 대통령의 사생활에 대해 함구하지 않았던가. 더구나 오늘날과 같이 통신 수단이 혁명적으로 발달하고 지구촌이 단일 정보권이 된 상황에서는 '비밀의 법칙'이 종전과 같이 지켜지기는 어려울 것이다.

7. 대통령의 사생활 보도 관련 찬반양론

실업률을 낮추고 세금을 인상하겠다는 경제 정책이 좌초하면서 지지율이 급락하고 있는 프랑수아 올랑드 프랑스 대통령에게 새해 벽두부터 예상치 못한 악재가 들이닥쳤다. 프랑스 연예 전문 주간지 《클로저Closer》가 1월 10일자 최신호에서 "대통령의 비밀 연애L'amour secret du Président"란 선정적인 제목으로 올랑드 대통령과 그와 염문설이 나도는 미모의 여배우 쥘리 가예Julie Gayet에 관한 파파라치성 폭로 기사커버스토리와 7면에 걸친 사진과 기사를 보도했기 때문이다. 두 아이를 둔 이혼녀인 가예는 2012년 대선에서 올랑드를 홍보하는 영상물에 출연한 바 있다.

이 보도는 올랑드 대통령이 지난해 12월 30일 저녁 대통령 관저인 엘리제궁 인근에 있는 가예의 임시 거처에 헬멧을 쓰고 스쿠터로 도착하는 사진과 또 같은 날 밤 따로 이곳에 도착하는 그녀의 사진 등 그동안 소문으로만 떠돌던 두 사람 관계에 대한 '증거'를 포착했다고 주장했다. 그러나 게재된 사진 중에 두 사람이 함께 있는 사진은 없었다. 또 '비밀 유지를 위해' 경호원 하나만 대동하고 잠행하는 '대통령의 안전' 문제도 지적했다. 잡지는 이 경호원이 크루아상프랑스인들이 아침 식사로 드는 빵을 사오는 심부름도 했다고 보도하면서 시판 전야부터 웹사이트에 예고 기사를 내보내 인터넷과 SNS를 뜨겁게 달구었다. 경영 부진에 시달리던 이 주간지의 판매와 웹사이트 접속률은 이 특종 덕에 급등했다. 프랑스 대통령들의 여자 문제에 관한 소문은 과거에도 있었으나 정치인의 사생활에 관한 보도를 금기시하고 오랜 군주제의 영향으로 대통령의 권위를 존중해온 프랑스에서 현직 대통령의 염문을 폭로하는 기사는 전례가 없는 일이다.

더구나 기사의 폭발력이 커서인지 평소에는 이런 유의 보도를 백안시하던 《르 몽드》, 《르 피가로》 등 유력지는 물론 방송들도 관련 반응과 함께 이를 인용 보도하면서 이 뉴스는 확대 재생산되었다.

　잡지가 발매되는 10일 아침 7시 18분 AFP 통신을 통해 보도된 성명에서 올랑드 대통령은 문제 기사의 사실 관계를 부인하지 않은 채 "모든 시민들처럼 자신도 누릴 권리가 있는 사생활의 존중이 이 보도로 인해 침해받은 것을 통렬히 개탄하며 법적 대응을 검토하겠다"고 말했다. 이 성명은 대통령이 아닌 프랑수아 올랑드란 개인 명의로 발표되었다. 이처럼 자연인의 자격으로 대응한 것은 이달 14일로 예정된 정례 기자회견을 앞두고 대통령직과 자신의 사생활을 구별하기 위한 의도로 보인다고 일부 언론들은 해석했다.

　올랑드 대통령은 프랑스 엘리트 관료들의 등용문인 국립행정학교 l'ENA 동기인 세골렌 루아얄 2007년 사회당 대선 후보과 네 자녀를 두며 오랜 기간 사실혼 union libre, 자유 결합 관계를 유지하다가 2007년 결별했으며 이후 또 다른 동거녀인 언론인 출신 발레리 트리에르바일레 Valérie Trierweiler가 해외 순방에 동행하는 등 영부인 Première dame 역할을 수행했다. 트리에르바일레는 파리 15구의 아파트에서 따로 생활했으나 엘리제궁에 사무실을 가지고 있으며 비서관도 제공받고 있어 그녀의 향후 거취에 어떤 변화가 있을지 언론의 관심이 대단했다. 이 사건이 터지기 전인 9일 대통령실은 그녀가 그달 말로 예정된 올랑드 대통령의 바티칸 방문에는 동행하지 않는다고 발표했었다. 언론은 이를 보도하면서 그녀가 올랑드의 합법적인 배우자가 아닌 것이 이유일 것이라고 설명했다.

《클로저》의 보도에 대한 논평에서 프랑스 정치권은 여야를 떠나 정치인의 사생활은 모든 국민들의 사생활과 마찬가지로 보호되어야 한다는 신중한 입장을 보였다. 집권당인 사회당 제일 서기 아를렘 데지르 Harlem Désir 는 이 보도는 정치 영역에 속한 문제가 아니므로 논평하지 않겠다고 전제하고 개인의 사생활과 함께 대통령직은 존중되어야 한다고만 언급했다. 한편, 국가 개혁, 지방 분권, 공직담당 장관인 마릴리즈 르브랑슈 Marylise Lebranchu, 여성 는 "이런 사건은 진정한 문제에 대한 논의를 방해한다며 어쨌든 윤리적으로는 불쾌한 일이 될 것이다"라고 말했다.

한편 평소 올랑드 대통령에 대해 비판적인 극우 정당 '국민전선'의 당수 마린 르펭 Marine Le Pen 은 모든 사람의 사생활이 존중되어야 한다는 대통령의 입장을 지지한다고 하면서 이 문제 관련 미테랑 전 대통령의 경우와는 달리 국민 세금을 한 푼도 안 썼다면 대통령도 사생활은 존중받을 권리가 있다고 논평했다.

그러나 올랑드에게 정권을 내준 정당인 UMP 소속의 브뤼노 르 메르Bruno Le Maire 하원의원은 '언론의 역할은 정보를 제공하는 것La presse informe, c'est son rôle'이라고 말하면서 《클로저》의 보도를 지지했다.

공영 TV F2의 정치 전문 기자 나탈리 생 크리크Nathalie Saint-Cricq는 10일 저녁 종합 뉴스에서 이번 사건은 앵글로 색슨영미를 가리킴식 언론의 월권과는 거리를 두어온 프랑스에서는 초유라며 C'est du jamais vu en France 정치인의 건강, 재산 등에 대해 투명성을 요구하는 것은 바람직하나 사생활을 파헤치는 것이 과연 민주주의에 도움이 될지는 의문스럽다고 말했다.

반면 민영 TV TF1은 저녁 종합뉴스에서 이 사건을 이례적으로 톱뉴스로 보도했는데 크리스토프 자퀴비스진 Christophe Jakubyszyn 정치부장은 올랑드 대통령은 '영부인'의 직책을 가진 트리에르바일레가 해외 순방 시 계속 수행해주기를 희망하며 현재로서는 그녀도 같은 생각이

지만 만일 이 관계에 변화가 온다면 올랑드의 정치적 입지는 약화될 것이라고 내다보았다. 그는 또 아무리 사생활이라도 프랑스 국민들은 대통령의 이중생활은 받아들이기 어려울 것이라고 논평했다.

그러나 다른 의견도 있다. 프랑스의 대표적 여론 조사 기관인 l'Ifop의 프레데릭 다비 Frédéric Dabi 이사장은 《르 피가로》와의 인터뷰에서 미국인들과는 달리 "프랑스인들은 공인의 사생활과 공적인 생활을 구분한다 Les Français font la dictinction entre la vie publique et la vie privée"며 이번 사태가 올랑드 대통령의 지지율에 미치는 영향은 극히 미미할 것 extrêmement marginal 이라고 내다보았다.

실제로 12일 발표된 l'Ifop의 여론조사에 의하면 프랑스 국민의 77%는 이 문제가 사적인 일 une affaire privée이라고 응답했다고 《르 주르날 뒤 디망슈 Le Journal du Dimanche》가 보도했다.

그러나 프랑스적인 '특수성'에도 불구하고 이번 사태는 21세기 정보화 사회에서 지구촌 다른 곳에서 일어나는 변화로부터 프랑스도 전혀 자유롭지만은 않다는 것을 보여주었다.

프랑스를 생각한다

'자유, 평등, 박애'의 발원지

Réflexions sur la France

3부 프랑스와
한국

3부
프랑스와 한국

1. 프랑스와 조선 그리고 대한민국

한불관계의 시작은 순탄치 않았다. 양국 간 최초의 접촉은 19세기 초 천주교 전래를 매개로 하여 이루어졌는데 프랑스 선교사들이 순교하면서 군사적인 충돌이 야기되고 결국에는 조선의 개항 이후 서구 열강들이 조선과 수교할 때 양국도 국교를 수립한다.

중국으로부터 육로를 통해 조선에 처음 들어온 서양인은 1836년 1월 입국한 프랑스 신부 피에르 필리베르 모방 Pierre Philibert Maubant이라는 것이 정설로 되어 있었다. 그러나 이보다 90년이나 앞선 1747년 2월에 프랑스 선교사 들라포르트 Delaporte의 여행기록이 발견되어 사실 여부가 확인 중에 있다.[2]

모방 신부에 이어 샤스탕 Chastan, 앙베르 Embert 등 '파리외방전교회 Les Missions étrangères de Paris, MEP' 소속 신부가 1835년, 1836년, 1837년에 조선에 속속 입국했고, 1839년 기해박해 己亥迫害 때 이들은 순교한다. 이미 병인양요 20년 전인 1846년 프랑스 제독 세실 Cécille은 군함 세척을 이끌고 충청도 해안에 정박, 프랑스 신부 3인의 처

2) '프랑스 개황' 2013, 외교부

형 관련 해명을 요구하는 프랑스 정부의 공한을 조선 조정에 전달한다.[3] 그리고 프랑스 선교사들의 입국은 계속된다. 어떤 면에서 프랑스 선교사들의 조선 입국은 서구 열강의 조선 침투의 신호탄이 된다. 파리 7구에 있는 '파리외방전교회' 박물관에는 1868년 조선으로 떠나는 사제들의 파송 미사 광경을 그린 역사적인 그림이 걸려 있다. 이 그림은 쿠베르탱 화백이 그렸는데 3인의 사제와 이들을 전송하던 작곡가 구노오 아베마리아 작곡가, 그리고 당시 5세였던 화백의 아들 피에르 드 쿠베르탱 현대 올림픽 창시자 남매 등을 화폭에 담았다.

당시 조선 사회에서는 천주교를 서학西學이라고 불렀는데 이는 단순한 종교만이 아니라 학문적·사상적인 호기심의 대상으로서 처음에는 실세失勢한 남인학자에 의하여 신봉되었으나 차차 재야在野의 양반·중인中人·상인常人, 그리고 이중 삼중으로 압박을 받던 부녀자 층에 놀라운 속도로 전파되어 1865년 고종 2년에는 천주교 신자수가 2만 3,000명을 헤아리게 되었다. 이에 위협을 느낀 수구 세력은 성리학 이외의 모든 종교와 사상을 배척하는 위정척사衛正斥邪 운동에 박차를 가한다.

---

3) Histoire de la Corée, André Fabre

파리외방전교회 박물관에 걸려 있는 쿠베르탱 남작의 그림 '장도(Le Départ)'.
1868년 한국으로 떠나는 선교사들의 파송식을 그린 유화로 그림 속의 어린 남매 중 남자아이는
현대 올림픽의 창시자 피에르 드 쿠베르탱(당시 5세) ⓒ Wikipédia

　　1866년 대원군은 천주교 탄압의 교령敎令을 내려 프랑
스 선교사 12명 중 9명이 처형되고 불과 수개월 동안에
국내 천주교 신도 8,000여 명이 처형된다. 한마디로 대학
살이다. 오늘날 한국이 세계 국가 중 네 번째로 가톨릭 성
인이 많게 된 이유다. 이 박해로 신자들은 산속이나 오지
로 피신해 다니다가 수많은 부녀자와 어린이들이 병과 굶
주림으로 목숨을 잃었다고 한다. 이때 탈출에 성공한 리
델 신부가 중국 천진에 주둔해 있는 프랑스 극동함대 사
령관 로즈 제독에게 이 사실을 알림으로써 병인양요를 불
러일으키게 된다.

1866년 10월 로즈 제독은 함대 7척과 1,230여 명의 병력을 이끌고 강화도를 침공 우리 역사상 처음으로 서양 군대와의 무력 충돌인 병인양요가 발발한다. 프랑스 해군은 수차례의 무력 충돌 후, 매복 중이던 조선군의 공격을 받고 퇴각하면서 서고 외규장각 도서 297권 및 은괴 등을 약탈한다. 프랑스 측은 이 작전이 '그 당시 국제법이 인정하는 제한된 보복 조치 une action de représailles limitées, ce qui était admis par le droit international de l'époque'였다고 주장한다.[4] 세계정세에 어두운 대원군은 그 기세를 돋우어, 척화비斥和碑를 세우는 등 쇄국양이鎖國攘夷 정책을 더욱 굳히고, 천주교 박해에도 박차를 가한다.

그 후 조선의 개항을 가져온 '강화도조약'이 체결된 지 10년 후인 1886년 고종 23년 조선과 프랑스는 우호 통상 및 천주교 포교 자유 등을 내용으로 하는 '한불수호통상조약 le traité d'amitié, de commerce et de navigation entre la Corée et la France'을 체결한다. 이듬해에 빅토르 콜랭 드 플랑시 Victor Collin de Plancy 주한 공사가 부임하는데 그는 1890년 떠났다가 1895년 다시 부임하여 을사보호조약으로 공관이 철수하던 1906년까지 장장 15년간 근무한다. 당시

---

4) 'Les relations bilatérales, Historique' (주한 프랑스 대사관 홈페이지)

공관 직원은 그를 포함해 2명이었는데 통역이던 모리스 쿠랑Maurice Courant은 후일 프랑스 한국학의 개척자가 된다. 한편, 조선은 1901년 4월 29일 파리에 상주 공사관을 개설, 이범진을 프랑스·오스트리아·러시아 3개국 주재 전권 공사로 임명, 파견한다.

조선왕조는 1900년 파리에서 열린 만국박람회에 조선관을 지어 한국의 문물을 소개했다. 세계 최초 금속활자본인 직지심체요절直指心體要節이 이 박람회에서 처음으로 선을 보였다. 이는 한국 문화의 해외 홍보에서는 신기원을 이루는 획기적인 사건이다. 모리스 쿠랑은 '조선관 참관기 Le Pavillon Coréen au Champs-de-Mars'에서 조선의 인쇄술이 서양보다 앞섰다는 사실을 지적하고 프랑스인들이 다른 민족보다 우월하다는 생각을 버려야 한다고 일갈한다. 참관기의 관련 부분은 다음과 같다. "...c'est en mettant sous nos yeux les monuments d'une civilization complexe et délicate qui a précédé la nôtre sur bien de points, même pour ce qui est une des gloires du monde moderne, pour l'imprimerie. Cessons de nous croire d'une essence supérieure au reste de l'humanité. 우리 눈앞에 펼쳐진 것은 정교하고도 섬세한 문명의 유물들이다. 이 문명은 우리

1900년 파리 만국박람회의 조선관 포스터(1900
년 12월 16일자 Le Petit Journal du dimanche)

문명보다 현대 세계의 보배라고 하
는 인쇄술을 포함해 여러 면에서 앞
섰다. 이제 우리가 다른 민족들보다
근본적으로 우월하다는 생각을 버
리자.- 필자 번역"[5] 이때 조선
이 기증한 전통 악기 여
러 점이 현재 파리의 시
테 드 라 뮈지크Cité de la
Musique의 악기 박물관에
전시되어 있다.

　1900년에 조선에는 4만여 명의 천주교 신자가 있었는
데 41명의 프랑스인 사제들이 사목 활동을 하고 있었으
며 이들을 포함 100여 명의 프랑스인들이 거주하고 있었
다고 한다. 이들 중에는 프랑스인 고문이 14명이나 있었
는데 법무 관계 고문 외에도 철도 기술자, 병기 전문가,
도자기 기술자, 광산 기사 등이 있었다고 한다. 1900년 조
선은 만국우편연맹에 가입했고, 그해 4월에는 조·불 우
편 협정이 조인되었다. 조선 왕조 최초의 우표는 프랑스
인의 디자인으로 제작되었으며 1898년 준공된 명동 성당

5) 『한불관계자료-주불공사·파리박람회·홍종우-』, 박병선 편저, 국사편찬위원회

도 프랑스인 신부가 설계와 공사 감독을 했다. 또 조선 왕조는 경의 철도 부설권을 프랑스 회사에 주려 했으나 성사되지는 못했다.

고종황제는 프랑스 최고 훈장인 '레지옹 도뇌르 L'ordre national de la Légion d'honneur'의 최초의 한국인 수상자다. 레지옹 도뇌르는 여러 등급이 있는데 최고 등급인 레지옹 도뇌르 대십자 훈장 Légion d'honneur Grand-croix을 받은 사람은 우리나라 사람 중 고종황제뿐이다. 또 명성황후는 프랑스어를 공부한 것으로 알려져 있다. 고종황제 부처의 프랑스와의 각별한 관계를 말해주는 증표다.

당시 외교의 중심지가 파리였던 관계로 조선의 외교도 파리를 거점으로 모스크바, 영국 등지로 외교 활동을 전개해나갔다. 1902년 1월 30일 제1차 영일 동맹이 체결되었으며 그해 3월 이에 대응하여 조선에 관한 프랑스와 러시아 간의 성명 채택이 있었다. 고종황제는 러시아와 프랑스를 끌어들여 일본과 영국을 견제하려고 했던 것으로 보인다.[6] 그러나 이는 국제 정세를 모르는 데에서 오는 희망적 사고에 불과했다. 일본은 1905년 을사보호조약 체결과 1910년의 한반도 강제 병탄을 하기 전에 프랑스 정

6) 『21세기 프랑스를 말하다』, 주철기, 삶과꿈

부에 사전 통보한다. 프랑스 당국자는 일본이 프랑스가 튀니지와 마다가스카르에 실시했던 방식에 따라 '보호국에서 합방'으로의 과정을 밟을 것으로 이미 전망했으며 일본의 한국 합방을 예견된 결과로 받아들이며 '이의를 제기하지 않았다'.[7]

1905년 을사보호조약으로 조선의 외교권을 일본이 접수하자 그해 11월 29일 주불 공사 민영찬은 본국 정부 훈령에 따라 을사늑약은 무효라는 항의문을 프랑스 정부에 제출한다. 그러나 1905년 12월 11일 파리 주재 일본 대사는 조선 외교권 접수 사실을 프랑스 외무성에 통보, 조선의 공사관은 폐쇄된다.

이로써 한불 간의 외교관계는 중단되지만 프랑스는 우리 독립 운동가들과 또 다른 인연을 맺게 된다. 1919년 1차 세계대전 종전 후 베르사유 강화 조약 협상이 개시되었을 때 한불 간의 접촉은 재개되었다. 기미독립선언 한 달 후인 그해 4월 김규식 박사 등 독립운동 사절단이 파리에 파견되어 대한민국 임시정부 파리위원부의 이름으로 1921년까지 활동했다. 이들은 1919년 5월 클레망소 프랑

---

7) 『나폴레옹도 모르는 한·프랑스 이야기-프랑스 외교사료를 통해 본 한불관계비사』, 정상천, 국학자료원

스 수상에게 공한을 발송, 파리강화회의에서 조선독립을 인정해줄 것을 호소했으며, '공보실 bureau d'Information'을 운영, 주 1, 2회의 뉴스레터 circulaire 및 월간 《La Corée Libre 자유 한국》 등을 발행하는 등 적극적인 홍보 활동을 전개했다. 현재 파리 9구의 뤼 드 샤토됭 Rue de Châteaudun 38번지에는 당시 대표부 청사 역할을 했던 건물에 이를 기념하는 현판이 부착되어 있다.

또 비슷한 시기인 1921년 6월 '한국의 친구들 Les Amis de la Corée'이라는 모임이 파리에서 결성된다. 이 단체의 회장은 루이 마랭 Louis Marin 하원의원이었으며 부회장은 알퐁스 오라 Alphonse Aurad 소르본 대학 교수, 베르통 의원, 고다르 의원 등 총 5명, 사무국장은 파레르 씨와 사동발 Scié-Ton-Fa 씨였다. 사동발 씨는 중국인 아버지와 프랑스인 어머니 사이에서 태어났으며, 파리대학에서 법학박사와 의학박사 학위를 취득한 지성인이었다. 《자유한국》이 발행되던 파리 8구의 비엔느가 3번지는 그의 저택이었고, 그는 이 홍보물의 발행 경비 일부를 지원했다. 또 '한국의 친구들' 사무국도 그의 다른 자택 오스만가 93번지에 위치하는 등 그는 한국의 독립 운동을 적극 지원한 고마운 은인이다. 이렇게 프랑스의 정치인들과 지식인들이 한국의 독립을 지원한 것은 불의에 맞서 싸우는 프랑스 지성인들의 전통과 관련이 있다. 프랑스에는 지금도 티베트 독립 지원 모임 등이 활발하게 활동하고 있다.

또 일제강점기 중 프랑스와 관련해 또 하나 특기할 사실은 대한민국 임시정부가 1919년부터 1931년까지 상해의 프랑스 조계 내에 위치했었다는 것이다. 이는 프랑스가 일본과 동맹관계인 영국이나 가쓰라-태프트 밀약으로 일본의 조선 식민지화를 묵인한 미국과는 달리 일본과 긴밀한 협력관계를 맺고 있지 않았으며 정치적 망명가들에게 피난처를 제공하는 나라로 인식되어 있기 때문이었을 것이다. 프랑스 정부는 한때 상해 프랑스 조계에 있는 한국 독립운동가들 약 200명을 프랑스로 소개시키는 방안을 검토했다고 한다. 그러나 이러한 계획은 일본 정부의 반대로 실행에 옮겨지지 않았다. 왜냐하면 일본으로서는 이들이 상해에 있는 것이 감시하기 좋았기 때문이다. 그러나 프랑스 정부의 상해 임시정부에 대한 '관용'은 1932년 4월 29일 윤봉길 의사가 상해 홍구虹口공원에서 일본 군부를 상대로 일으킨 폭탄투척사건으로 막을 내리게 된다. 프랑스 당국은 도산 안창호를 포함한 12명의 한국 독립운동가들을 체포하여 일본 경찰에 넘긴다. 당시 프랑스 외교부 문서는 우리 독립운동가들을 '선동가agitateur'로 표현하고 있다.[8] 그 당시 프랑스도 동남아시아에 프랑스령 인도차이나를 식민지로 지배하고 있었다.

대한민국 정부 수립 이듬해인 1949년 2월 프랑스는 대한민국 정부를 승인하고 외교관계 수립에 합의한다. 이로써 양국 간의 외교 관계는 43년 만에 복원된다. 프랑스는 이후 유엔 안보리 상임이사국으로서 동서냉전의 시대에 줄곧 한국의 입장을 지지한다.

특히 1950~1953년 한국전쟁 기간 동안 프랑스는 유엔군의 일원으로 1개 대대 Le bataillon français de l'ONU 규모의 병력 연인원 3,200명을 파병한다. 이 중 10분의 1에 해당하는 270명이 전사한다. 이는 프랑스 사제들이 이 땅에서 순교의 피를 흘린 지 1세기 만에 이루어진 한불관계 역사상 최초의 대규모 인적 교류였다. 프랑스 정부는 이를 기념하여 2004년 6월 파리의 개선문에 한국전쟁 참전 기념 표지를 부착했다. 한국에도 프랑스의 한국전 참전 기념물이 여러 곳에 설치되어 있다. 수원에 있는 프랑스 대대 전사자 기념비, 부산 유엔군 묘지 프랑스 묘역 추모비,

8) 『나폴레옹도 모르는 한·프랑스 이야기-프랑스 외교사료를 통해 본 한불관계비사』, 정상천, 국학자료원

홍천 근처에서 한국군 부상병을 치료하다 전사한 군의관 고 장 루이 Jean-Louis 소령 추모비, 서울의 전쟁기념관 프랑스 참전기념 동판 등이 그것이다. 한국전 참전 용사들은 귀국 후 친한 세력이 되어 프랑스에서 한국을 알리는데 크게 기여했다. 한국전과 프랑스 관련 또 하나의 극적인 사건은 한국전 발발 한달 후인 1950년 7월 부임한 지 4개월밖에 안 되는 주한 프랑스 공사당시 공관장가 북한군의 포로가 되었다는 것이다. 그는 북한으로 납치되었다가 3년 후에 풀려난다.[9] 이 사건은 프랑스와 북한의 수교에 걸림돌이 되고 있는 것으로 알려지고 있다. 한불관계에서 한국전 기간보다 더 큰 인적 교류는 2002년 월드컵 때 일어난다. 이때 6,000 내지 7,000명의 프랑스인들이 방한하여 축제 분위기 속에서 완전히 달라진 한국을 체험한다.[10]

한국전 이후 한·불 양국은 한국의 비약적인 성장에 힘입어 정치, 경제, 사회, 문화 등 다방면에서 우호협력 관계를 확대시켜왔다. 국민의 직선으로 선출되어 막강한 권한을 누리는 대통령이 총리를 임명하는 중앙집권적인 정치 제도, 문화와 교육 등을 정부에서 관장하는 정부 조직,

---

9) 'Les relations bilatérales, Historique' (주한 프랑스 대사관 홈페이지)
10) 'Les relations bilatérales, Historique' (주한 프랑스 대사관 홈페이지)

적극적인 자국 영화 육성책 등 정부 주도 문화 정책 및 여러 분야에서 한국은 프랑스의 영향을 받았다. 또 왕조의 역사와 민주화 항쟁 및 노사분규에서 보이는 국민적 기질에서도 일면 프랑스와의 유사점을 찾을 수 있다. 중국·프랑스 국교정상화 50주년을 맞아 지난 3월 프랑스를 방문한 시진핑習近平 중국 국가주석은 연설에서 몽테스키외·루소·볼테르·사르트르·몽테뉴·스탕달·발자크·밀레·모네 등 프랑스가 배출한 뛰어난 문인과 철학자, 그리고 예술가 20여 명의 이름을 줄줄이 거명했다. 그러면서 "이들의 작품에서 많은 교훈과 영감을 얻었다"고 말했다. 이는 세계 문명사에 주도적으로 기여한 프랑스에 대한 헌사로 중국이나 시진핑 주석에만 해당되는 얘기가 아니고 한국의 경우도 마찬가지일 것이다.

프랑스의 지적 유산은 한국의 지식인들의 사고에도 많은 영향을 주었으며 프랑스 대혁명 때 등장해 프랑스의 국가 표어가 된 '자유, 평등, 박애'는 민주주의를 추구하는 모든 국가의 이상이 되고 있다. 많은 한국의 젊은이들이 프랑스 정부 장학생으로 프랑스에서 유학할 수 있었던 것은 양국 간의 문화 교류와 친선에 크게 기여했다. 앞으로도 양국 젊은이들 간의 교류를 확충하면서 프랑스 학생들과 언론인 등 전문 직업인들이 한국에 와서 공부하고 문화를 체험하는 기회도 더욱 확대해야 할 것이다.

한불교류 확대에서 양국 기업인들의 기여를 빼놓을 수 없다. 1975년 대한항공의 서울-파리 노선이 개통되면서 우리 기업의 현지 지사 설립이 본격화되고 유학생 등의 이주가 급속히 증가했다. 유럽 진출 교두보로서의 파리의 중요성과 프랑스 항공 산업의 우수성을 일찍이 인식한 고 조중훈 대한항공 회장은 한불 경제 교류의 선구자다.

2004년 노무현 대통령의 방불을 계기로 양국 정상은 "21세기 포괄적 동반자 관계 partenariat global pour le XXIème

1993년 9월 15일 대전 엑스포를 방문한 미테랑 프랑스 대통령(앞줄 중앙)을 안내하는 저자(미테랑 대통령 우측). 좌단은 오명 대전세계박람회 조직위원장. 미테랑 대통령은 한국을 방문한 최초의 프랑스 대통령이다.

siècle"를 선언하면서, 국제 정치 주요 의제에서 협력을 강화하고, 양국 간 무역량을 확대하기 위해 노력하기로 선언한다. 2010년 11월 사르코지 대통령의 G20 서울정상회의 참석차 방한을 계기로 양국 정상은 오랫동안 미해결 현안으로 양국관계 발전에 걸림돌이 되어왔던 외규장각도서 문제 해결책에 합의한다. 한국이 프랑스 바로 전에 G20 연례정상회의를 주최하고 의장국 자리를 물려준 것도 묘한 인연이다. 이 회의 참석차 한국에 왔던 프랑스 지도자들에게는 한국을 다시 인식하는 좋은 계기가 되었을 것이다.

2012년 한불 교역액은 총 75억 달러 수출 26억 달러, 수입 49억 달러로 우리 전체 교역액의 0.7%로 28위, EU와의 교역액의 7.5%로 EU국가 중 5위로 아직도 신장될 여지가 많다. 그동안 양국의 경제 협력은 1970년대 항공기, 1980년대 원전, 1990년대 고속철을 거쳐 2000년대는 방위산업을 중심으로 확대되어왔다. 지난해 11월 프랑스를 방문한 박근혜 대통령은 한불 경제인 간담회에서 연설하면서 양국 경제 교류 확대를 위한 패러다임 전환을 강조하면서 미래 신산업과 문화산업, 중소, 벤처기업 등 세 분야를 양국 간의 유망 협력 분야로 제시했다. 프랑스인들은 박근혜 대통령이 이 연설을 프랑스어로 한 것을 높이 평가했다. 모국어에 대한 자부심이 대단한 프랑스인들은 외국인이 프랑스어로 연설을 하면 호감을 갖는다. 엘리자베스 2세 영국 여왕이 프랑스에서 인기가 높은 이유다.

한불관계에서 정무나 경제 못지않게 중요한 것은 문화다. 이는 프랑스가 문화대국으로 가지는 독보적인 위상 때문이다. 우리 이웃인 중국, 일본은 말할 것도 없고 많은 나라들이 프랑스에서의 문화외교에 큰 비중을 두고 있다. 우리 문화의 최고 자랑거리인 『직지심체요절直指心體要節』이 전 세계에 처음으로 선을 보인 것도 1900년 파리에서 열린 만국박람회에서였고 세계 4대 여행기 중 가장 오래됐다는 혜초의 『왕오천축국전往五天竺國傳』도 프랑스 동양학자 폴 펠리오Paul Pelliot, 1878~1945가 중국 돈황에서 구입, 『직지심경』과 마찬가지로 프랑스 국립도서관에 소장되어 있다. 이 두 보물을 국내에서 관리 못 하게 된 것은 대단히 유감이나 다른 나라가 아닌 프랑스에서 보존하고 있다는 것은 그나마 불행 중 다행이다. 이를 통하여 우리는 전 세계에 우리 민족이 오래전부터 뛰어난 문화를 가진 민족임을 알릴 수 있기 때문이다. 예술 인재를 영입하는 전통을 가지고 있는 프랑스에는 많은 우수한 우리 예술인들이 활동하고 있어 우리 민족의 예술적 기량을 발휘하고 있다. 또 한국 영화는 프랑스 영화 애호가들 사이에 성가를 드높이고 있다. 우리 정부도 문화 홍보 교두보로서의 프랑스의 중요성을 인식하여 유럽에서는 최초로 1980년에 파리에 문화원을 개설해 운영하고 있다. 한 나라의 문화적 이미지가 그 나라의 국제 경쟁력에 직결된다는 오늘날 우리는 프랑스에서의 문화외교를 더욱 강화해야 할 것이다. 이를 위해서는 일본의 경우처럼 정부는 물론 기업을 포함한 민간까지 참여하는 총력 홍보체제를 가동해야 할 것이다.

프랑스에는 현재 유학생 포함 약 1만 4,000명의 한국인들이 거주하고 있으며 '한국의 뿌리'라는 입양인 단체도 있다. 성공한 입양인 중에는 플뢰르 펠르랭Fleur Pellerin, 한국명 김종숙 프랑스 문화부 장관과 장-뱅상 플라세Jean-Vincent Placé 상원의원 등 유력 정치인들도 있다. 또 K팝 파리 진출에 숨은 공신 역할을 한 IT기술자 막심 파케Maxime Pacquet도 입양인 출신이다. 펠르랭 장관은 작년 중소기업 디지털경제부 장관 자격으로 방한했을 때《르 피가로》지와의 인터뷰에서 "내 혈통 때문에 한국과는 마음이 통한다. 우리 협력관계를 심화할 수 있는 호재好材다! Grâce à mes origines, il y a un supplément d'âme. C'est une chance pour approfondir notre partenariat!"라고 말했다. 생후 6개월 때 길거리에 버려져 프랑스 가정에 입양된 그녀가 모국에 대해 이런 긍정적인 감정을 가진다는 사실이 놀랍다. 앞으로 한불관계 증진에 그녀의 역할이 기대된다.

한불관계의 역사는 바로 우리의 근·현대사다. 한불관계는 현재 상승세에 있다. 이는 무엇보다도 우리의 국력이 크게 신장됐기 때문이다. 지난 128년간 한국은 풍전등화와 같았던 변방 국가에서 아시아의 중심 국가이자 세계 15위 안에 드는 산업국이 되었다. 또 시끌벅적하기는 하지만 아시아에서는 몇 안 되는 민주국가가 되었다. 참으로 드라마틱한 역정이다. 한국은 이제 더 이상 19세기 중엽 북경 주재 프랑스 대리공사가 말했던 'le petit royaume de Corée 작은 조선 왕국'가 아니다.

아직 한국에서는 프랑스 관련된 일을 추진하려면 어려울 때가 많다. 프랑스에 대한 관심이 적고 우리 대외 관계가 미국에 편중돼 있는 것 등이 주된 이유다. 그러나 그동안 답보 상태에 있던 파리 한국문화원 이전 문제, 파리 국제 대학생 기숙사촌 한국관 건립 문제 등 오랜 숙원 사업들이 예산이 확보되면서 잘 풀려나갈 전망이다. 필자도 그동안 언론 기고 등을 통해 두 현안의 해결을 촉구한 바 있지만 그 외에도 많은 분들이 수고를 해주셨다. 그러나 무엇보다도 프랑스 유학 경험이 있는 대통령이 취임한 이후로 문제 해결이 동력을 얻은 것 같다.

2016년 양국 수교 130주년을 기념하기 위해 한불 양국은 '2015~2016년 한불 상호 교류의 해années croisées Corée-France' 행사를 추진할 예정이다. 2015년 9월부터 2016년 3월까지는 프랑스에서 '한국의 해'로, 2016년 4월부터 12월까지는 한국에서 '프랑스의 해'로 지정하여 서로 상대국에서 자국을 알리기 위한 문화 행사와 경제·통

2013년 11월 4일 프랑스 공식 방문 중 파리 개선문 무명용사의 묘에 헌화하는 박근혜 대통령
(청와대 공식 블로그)

상·과학·기술 행사 등 다양한 행사를 개최한다. '한불 상호 교류의 해' 개최 소식을 접했을 때 프랑스에서 다년간 한국을 알리는 데 종사했던 나는 벅찬 감회를 금할 수 없었다. 왜냐하면 지금까지 프랑스의 '상호 교류의 해' 대상 국가로 선정된 나라들은 모두 상당한 수준의 문화나 경제력을 갖춘 나라임을 잘 알기 때문이다. 이제 한국도 그런 국가들의 반열에 들어서게 됐다. 이 행사가 양국관계를 명실상부한 "21세기 포괄적 동반자 관계"로 끌어올리는 분수령이 되기를 기대해본다.

2. 기메박물관과 한국

프랑스인들은 자국 문화에 대한 자부심 못지않게 외국 문화에 대한 관심과 안목도 높다. 이런 문화적인 소양은 전문가들뿐만이 아니라 정치인, 군인, 외교관, 언론인, 기업인 등 다른 직업의 경우도 마찬가지다. 자크 시라크 전대통령이 수준급 일본 예술 애호가인 것은 널리 알려진 사실이다. 1981년 한불 수교 95년 만에 프랑스 외무장관으로서는 처음으로 방한한 프랑수아 퐁세 장관은 바쁜 일정 중에도 경주의 문화 유적을 방문하고 감탄사를 연발했으며 한국 언론과의 인터뷰에서 유럽에서 최초로 파리에 개설된 한국문화원이 프랑스 대중에게 인기가 높다고 평가했다. 1866년 병인양요의 와중에서 프랑스 해군의 일개 하급 장교였던 쥐베르H. Zuber는 강화도 사찰의 불화를 보고 '한국 예술의 독창성l'originalite de l'art de la Coree'에 놀라움을 금치 못한다.[11]

노벨문학상 수상자인 프랑스 작가 장 마리 귀스타브 르 클레지오는 일연 스님이 쓴 『삼국유사』를 읽고 큰 감흥을 받았다며 이 책의 불어 번역을 추진 중이다. 그는 또 2000년대 한국 단편 선집에 대한 서평을 프랑스 유력지에 기고할 정도로 한국 현대 문학에 대한 관심도 높다. 이와 같이 프랑스 지성인들은 다른 문화를 존중하고 감상할 줄 안다. 이것이 프랑스를 문화대국으로 만드는 이유 중의 하나다.

구텐베르크 성서보다 71년 앞서 금속 활자로 인쇄된 『직지심체요절』 즉 『백운화상초록불조직지심체요절白雲和尙抄錄佛祖直指心體要節』의 진본眞本은 프랑스 국립도서관 귀

---

11) L'Art Coréen au Musée Guimet, Pierre Cambon, Réunion des Musées Nationaux, 2001

중본실Grande Réserve에 소장되어 있다.[12] 이 책은 구한말 주한 프랑스 공사였던 빅토르 콜랭 드 플랑시가 수집한 것이다. 그는 뛰어난 안목의 고서 및 예술품 수집가였다. 또 8세기 초 통일 신라의 승려 혜초가 쓴 『왕오천축국전往五天竺國傳』은 1908년 프랑스 동양학자인 폴 펠리오Paul Pelliot, 1878~1945가 중국 돈황에서 구입해 '직지심체'와 마찬가지로 프랑스 국립도서관에 소장되어 있다. 이 책은 마르코 폴로의 『동방견문록』(1299)과 함께 세계 4대 여행기로 꼽히며 이 중 가장 오래된 것이다. 그러나 이 두 문헌은 외규장각 의궤와는 달리 반환 청구의 대상이 되지 않는다. '약탈 문화재'가 아니기 때문이다.

프랑스는 유럽에서 동양학의 선구자다. 파리 한복판 개선문에서 멀지 않은 곳에 유서 깊은 프랑스 국립기메동양박물관약칭 Musée Guimet이 있다. 전 세계에서 온 입장객들이 줄을 서는 기메박물관은 '아시아 예술의 루브르le Louvre de l'Asie'라고 불리는데 질과 양에 있어서 세계 최고의 동양박물관 중 하나다. 이 박물관은 1990년대 후반 개보수하면서 한국국제교류재단의 지원으로 한국실을 대폭 확장했는데 신라 금관과 고려청자, 천수관음상, 조선

12) 『한불관계자료-주불공사·파리박람회·홍종우-』, 박병선 편저, 국사편찬위원회

시대 김홍도의 8폭 풍속화와 퇴계 이황의 서예작품 등 한국 전통 문화의 진수를 270점 전시하고 있다.

기메박물관은 에펠탑이 건립되고 파리 만국 박람회가 열리던 1889년 국립 박물관으로 설립되었다. 이 박물관 개관에는 중국과 일본 등을 왕래하던 리옹 출신 사업가이자 동양 미술 애호가인 에밀 기메가 주도적인 역할을 했다. 설립 초기부터 기메박물관은 김옥균의 암살자로 알려진 홍종우란 인물을 통하여 한국과 인연을 맺게 되었는데 이후 한국과의 관계 변천사는 부침 많았던 한국 근현대사를 그대로 반영한다.

1854년 서울에서 태어난 홍종우洪鍾宇는 법학을 공부하기 위해 일본을 거쳐 1890년 12월 24일 파리에 도착한다. 파리에 2년 7개월 체류하는 동안 그는 기메의 친구인 화가 레가메Félix Régamey의 소개로 기메박물관에 1년 계약으로 취직하여 1888년 샤를 바라 탐사단이 한국에 가서 수집해온 유물들을 분류하며 바라를 도와 기메박물관 최초의 한국실을 개관하는 작업을 한다.[13]

1893년, 그는 귀국길에 올라 정치적 입장을 달리하는

---

13) L'Art Coréen au Musée Guimet, Pierre Cambon, Réunion des Musées Nationaux, 2001; 『한불관계자료-주불공사·파리박람회·홍종우-』, 박병선 편저, 국사편찬위원회

프랑스 화가 레가메가 그린 홍종우 초상화(「한불관계자료-주불공사·파리박람회·홍종우」)

김옥균을 상해에서 암살하고 이후 고종의 비호하에 대한
제국의 요직을 역임하다 1913년 63세로 세상을 떠난다.
홍종우는 김옥균을 암살했다는 씻을 수 없는 역사의 죄인
으로 낙인 찍혀 있지만, 한때는 조선의 문화를 프랑스에
알리는 최초의 개화인이었다는 사실이 기메박물관 유물

카드에 남아 있다.[14]

그러나 이렇게 공들여 만든 기메박물관의 한국실은 일제의 한반도 강점 이후 계속 그 규모가 축소되다가 1차 세계대전 종전 다음 해인 1919년 해체되었다. 이후 2차 세계대전이 끝날 때까지 프랑스에서의 한국 유물 수집은 주로 일본 골동상의 중개로 이루어졌다.

2차 세계대전이 끝난 후 프랑스 국립박물관 개편 작업에 의해 루브르에 소장되어 있던 극동 지역의 유물들은 모두 기메박물관으로 이관되고 기메박물관의 유물 중 아시아 지역 외의 것들은 루브르로 재배치되면서 기메박물관은 명실상부한 세계 유수의 동양 박물관으로 위상을 정립해나간다. 또 김홍도의 회화 병풍, 중국 도자기 컬렉션에 섞여 있는 완벽한 품질의 고려청자 등도 기증 받아 한국 유물 컬렉션은 계속 확충된다.

그러나 기메박물관의 한국 유물들은 제대로 된 한국실이 없어 일본실의 연장선상에서 몇 점 전시되는 정도였다. 1980년대 중반 파리 한국문화원의 문화관으로 근무하던 나는 서울에서 오신 손님을 모시고 기메박물관을 찾았다가 화려한 중국실이나 일본실과는 달리 복도 귀퉁이

---

14) 〈유홍준의 국보순례[116] 기메박물관의 홍종우〉, 《조선일보》 2011년 10월 20일

에 초라하게 전시되어 있는 한국 유물들을 보고 심한 실망과 자괴심을 느낀 적이 있었다.

그로부터 오랜 세월이 지나 2000년 4월 나는 대외직명 공사 겸 문화원장으로 파리에 다시 부임했는데, 반가운 소식이 기다리고 있었다. 기메박물관의 한국실이 대폭 확장된다는 것이었다. 이는 프랑스에서 한국 문화의 홍보에 종사하는 사람들에게는 오랜 숙원으로 이 사업이 성사되는 시점에 파리문화원장으로 부임한 것은 나에게는 대단한 행운이었다. 나는 1980년대의 씁쓸했던 기억을 떠올리며 격세지감을 금할 수 없었다. 또 그사이 우리 국력이 크게 신장했음을 실감할 수 있었다.

2001년 1월 15일 기메박물관은 3년간의 리노베이션을 마치고 재개관했다. 한국실은 69㎡에서 3개의 전시실을 갖춘 360㎡로 5배 이상 확장되었다. 한국실은 중국실과 일본실 사이에 배치되었는데 이는 역사적으로 한국이 한, 중, 일 문화 교류에서 수행한 이웃 두 나라 사이의 교량le dialogue 역할을 부각시키기 위해서다.[15] 이 사업을 위해 한국국제교류재단재개관 당시 이사장 이인호 전 주 러시아 대사은 총 400만 달러를 지원했다. 최초의 지원 결정은 1994년 손

---

15) L'Art Coréen au Musée Guimet, Pierre Cambon, Réunion des Musées Nationaux, 2001

오른쪽에 우뚝 서 있는 건물이 기메박물관. 횡단보도 우측에 인근에 위치한 'Centre Culturel Coréen'(한국문화원) 안내 표지판이 보인다(파리 한국문화원 제공).

주환 이사장 때 이루어졌다. 이 밖에 삼성그룹은 한국유물 구입을 지원하기 위해 100만 달러를 지원했다. 참고로 기메박물관에 중국 다음으로 많은 유물이 소장되어 있는 일본의 경우는 이번 리노베이션에서 전시실이 328㎡에서 786㎡로 확대되었다.

한국실을 확장하는 데 있어서는 이 박물관의 수석 큐레이터Conservateuren Chef이며 한국담당관인 피에르 캄봉 Pierre Cambon 씨가 중요한 역할을 했다. 그는 한국 전문가들과 함께 이 박물관 소장 한국 유물들을 재분류하는 작업을 실시했다. 캄봉 씨는 주한 프랑스 대사관 문화관으로 한국에서 근무한 적이 있으며 그의 부인은 한국인 설치 예술가 김상란 씨다. 이들 부부는 프랑스에서 한국 문화를 알리는 우리 홍보의 소중한 원군이다. 캉봉 씨는 기메박물관의 한국 유물 컬렉션약 1,000점이 중국 20,000점, 일본 11,000점과는 양적으로 비교가 안 되지만 질적으로는 '진정한 독창성 une originalité réelle'을 보여주고 있다고 평가한다. [16]

프랑스 공영 TV F2는 2001년 1월 15일 기메박물관 재개관 행사를 주요 뉴스로 보도해주었다. 이 보도는 이 방송 문화 담당 부국장인 미셸 스트룰로비시 Michel Strulovici 가 주선했는데 1960년대 군복무 대신 한국에 와서 서울대 등에서 불어를 가르쳤던 그는 나와 함께 '김치 클럽'이란 친한 언론인 모임을 결성해 회원들 집을 돌아가며 정기적으로 만나는 사이였다. F2는 이 보도에서 기메박물관의 한국관 확장은 '구텐베르크보다 앞서 인쇄술을 발명한 한국 문화의 중요성을 인정하는 것'이라고 논평했으며 나는 인터뷰에서 '수천 년 역사를 지닌 한국 문화의 우수성이 이제야 빛을 보게 되었다'고 답했다. [17]

---

16) L'Art Coréen au Musée Guimet, Pierre Cambon, Réunion des Musées Nationaux, 2001
17) YouTube, Inauguration du musée Guimet

기메 박물관의 한국관 확장은 한국 문화 세계 홍보의 교두보 마련을 위해 무척 다행스러운 일이다. 해외 문화재의 반환도 매우 중요하지만 반환될 수 없는 우리 문화재가 현지에서 제대로 관리되고 소개되는 것도 이 못지않게 중요하다. 해외에서 문화 선진국으로 인정받기 위해서는 우리 정부와 유관기관, 또 민간 기업이 해외 한국 문화재의 관리에 계속 적극적인 관심을 가져야 할 것이다.

3. 프랑스 한류의 숨은 공신

　유럽 최초의 K팝 라이브 공연이 파리에서 이틀 동안 1만 4,000여 명의 관객을 모으며 돌풍을 일으켰다. 세계의 문화 수도로 자부하는 파리에는 1년 내내 외국 공연이 그칠 날이 없다. 그렇다 치더라도 공연 티켓 7,000여 장이 발매 15분 만에 동나면서 표를 구하지 못한 열성 팬 300여 명이 시위까지 벌이는 바람에 공연을 하루 더 연장한 점과 공연단이 파리에 도착하는 날 1,000여 명의 열혈팬들이 입국장을 가득 메우고 K팝 스타들의 이름을 연호하며 열광한 점 등은 이제 K팝이 글로벌 문화상품으로 자리

매김했으며 한류의 확고한 마니아층이 프랑스에 형성되어 있음을 보여주었다.

이와 같은 프랑스에서의 한류 열기를 멀리서 지켜보면서 한때 한불 문화교류에 종사했던 나로서는 남다른 감회에 젖게 된다. 프랑스란 어떤 나라인가? K팝이 유럽 진출을 위해 파리를 교두보로 택한 것은 지극히 당연한 선택으로 보인다. 프랑스인들은 역사적으로 다양한 외국 문화에 큰 호기심을 보여왔으며 역량 있는 외국 예술인들에 대해서는 늘 문호를 개방해왔다. 프랑스에는 문화쇄국정책이란 존재하지 않는다. 이것이 프랑스를 문화대국으로 만든 이유 중의 하나일 것이다.

19세기 후반 유럽 화단을 강타한 '자포니즘일본 채색판화 '우키요에'의 영향'도 프랑스에서 시작되었으며 쇼팽, 피카소, 샤갈 등 외국 예술가들이 그들의 천재적인 기량을 발휘한 것도 프랑스에서다. 또 프랑스 국립 오페라와 공영 방송 오케스트라를 다년간 지휘하고 있는 정명훈도 좋은 예의 하나다.

이러한 전통은 오늘날 대중 예술에도 그대로 적용되고 있다. 프랑스에서의 한류의 효시라고 할 수 있는 영화가 대표적인 예다. 프랑스의 영화팬들 중에는 한국 유명 감독의 이름을 줄줄 외우고 있는 이들이 많다. 한편 프랑스의 국립 영화박물관 '시네마테크 프랑세즈'는 한국의 임권택 감독 등 외국영화의 거장들을 초청해 최고의 예우를 해가면서 회고제를 개최해준다.

K팝의 파리 입성은 몇 가지 면에서 매우 중요한 의의를 지닌다 하겠다.

첫째, 이 공연은 그동안 해외에서 주로 소개되었던 판소리 등 한국의 전통 예술과는 달리 현대 한국의 역동적인 모습을 그대로 보여주는 장르였다. 이제 한국은 중국 문화를 일방적으로 수입하던 '동아시아의 변방 국가'가 아니라 역동적인 새 문화 즉 '한류'를 창출하여 중국, 일본, 동남아시아, 중동, 미국, 남미 그리고 유럽에까지 수출하게 된 21세기의 문화 수출국이다.

둘째, K팝의 열기는 자생적이며 유튜브, SNS 등 21세기 인터넷 통신 수단 덕분에 빠르게 확산되었다. 또한 이 공연은 과거의 초대 손님 위주의 한국 문화 행사와는 근본적으로 다른 부가가치를 창출하는 상업인 공연이었다. 《르 몽드》, 《르 피가로》 등 주요 신문들이 대서특필한 이 공연은 한국의 이미지를 크게 높였으며 그 효과는 금액으로 환산할 수 없을 것이다.

또 한 가지 더 주목해야 할 사실이 있다. 이 공연의 성공을 가능케 한 인물로 막심 파케라는 31세의 IT기술자를 빼놓을 수 없다. 그는 두 살 때 입양된 한국계 프랑스인이다. 유럽 한류 확산의 핵이랄 수 있는 팬클럽 '코리언 커넥션'의 회장인 그는 오래전부터 한류에 적극적인 관심을 가져왔으며 원래 1회로 예정됐던 이번 공연을 2회로 늘리는 데 주도적인 역할을 했다. 나는 그가 프랑스 한류 열기의 숨은 공신이라고 생각하며 한국 정부가 그에게 훈장을 줄 만하다고 생각한다.

지금 유럽과 미국에는 파케와 같은 이들이 많다. 이들은 불우한 환경에서 모국을 떠나야 했지만 이제는 성인이 되어 성공적인 삶을 영위하고 있으며 자신들의 뿌리인 한국과 한국 문화에 강한 애착을 가지고 있다. 이들과 대화를 나누다 보면 '피는 물보다 진하다'란 말을 실감할 수 있다. 이들은 대한민국의 성공을 자랑스럽게 생각하고 있으며 그들을 키워준 나라와 한국 사이의 가교 역할을 훌륭히 수행하고 있다. 우리 정부와 기업은 우리 해외 홍보의 중요한 숨은 자산인 이들을 발굴하여 좀 더 따뜻한 관심을 보이고 이들의 활동을 지원하는 등 적극적인 활용 방안을 강구해야 할 것이다.

4. 프랑스의 한국계 입양인

스테파니 Stéphanie는 한국계 프랑스인이다. 어렸을 때 프랑스 가정에 입양된 그녀는 거울을 볼 때마다 자신은 의식은 프랑스인이나 얼굴 생김새는 다른 프랑스인들과 다르다는 생각을 늘 하면서 자신의 정체성 문제를 고민해 왔다. 프랑스인 남편과 결혼하여 두 자녀를 둔 그녀는 이 제 나이 사십이 되어 자신의 뿌리 찾기에 나섰다. 프랑스 의 한국계 입양인 모임에 가입하고 한글을 배우기 시작했 으며 가족과 함께 한국도 방문했다. 남동생과 함께 길거 리에 버려졌던 그는 자신을 구해준 고아원도 찾아가 보 았다. 이 여행에서 잃어버렸던 자신의 일부를 발견했다는 그녀는 표정이 밝았다. 앞으로는 남편과 애들과 함께 한 국을 정기적으로 방문할 계획이란다.

프랑스 공영 TV F2는 프랑스에 정착한 한국계 입양인 에 관한 특집 '입양: 한국적 뿌리 Adoption: racines coréennes' 를 방영했다. 이 프로는 프랑스 내 한국계 입양인 출신들 의 친목 단체인 'Racines coréennes'의 설날 모임을 소 개하면서 프랑스에는 주로 1970년대에 한국으로부터 입 양된 약 11,000명의 한국계 프랑스인들이 있다고 보도

했다. 프랑스 전역에 약 180명의 회원이 있는 'Racines coréennes'는 각종 한국 문화 행사, 설날 행사, 한글 강좌, 한국 여행 등을 주선하고 있다. 한 회원은 자신의 뿌리인 한국 문화를 다시 배울 수 있어 기쁘다고 했으며 또다른 회원은 지구상에 이제는 자신과 같은 존재가 혼자가 아니라는 것을 알게 되었다고 말해 듣는 이의 마음을 아프게도 했다.

또 이 프로는 이 단체의 회원은 아니지만 프랑스에서 크게 성공한 한국계 입양인 출신 인사를 두 명 소개했다. 이 중 한 명은 현 정부의 각료인 플뢰르 펠르랭Fleur Pellerin, 한국 이름은 김종숙金鍾淑 중소기업·혁신·디지털경제부장관이다2014년 8월 26일 단행된 개각에서 문화부장관으로 영전. 생후 6개월 때 길거리에 버려진 후 프랑스 가정에 입양된 그녀는 원자력 물리학 연구원이었던 양아버지와 교육열과 모성애가 강한 양어머니를 만나 행복한 성장기를 보내면서 훌륭한 교육을 받고 프랑스 고급 공무원의 등용문인 ENA국립행정학교를 거쳐 최고 엘리트들이 모이는 프랑스 감사원의 고위 관료를 지냈다. 지난 대선 때 올랑드 사회당 후보 캠프에 합류하여 입각하게 됐다. 남편도 ENA 출신 관료다. 그녀는 동양 혈통 최초의 프랑스 각료다. 참고로 현 프랑스 정부는 34명의 각료 중 꼭 절반인 17명이 여성이다. 남녀 동수 내각은 올랑드 대통령의 대선 공약에 따른 것이다.

또 다른 사람은 프랑스 상원의원인 장-뱅상 플라세 Jean-Vincent Placé다. 서울 태생인 그는 7세 때 프랑스 변호사 가정에 입양되었다. 그는 노르망디에서 양부모, 형제, 자매들과 함께 '즐거운 유년 시절'을 보냈다고 회상한다. 경제학과 금융법을 전공한 그는 1992년 국회의원 보좌관으로 정계에 투신, 2011년 상원의원에 선출되었다. 그는 현재 녹색당 상원 원내대표다. 성공한 사람 특유의 자신감이 넘치는 그는 한국을 방문해 자기가 살던 고아원도

플뢰르 펠르랭

장-뱅상 플라세

찾아가 감개무량했다는데 "그러나 나는 프랑스인이다"라고 힘주어 말한다.

이들과는 달리 프랑스의 한국계 입양인들 중에는 여러 가지 이유로 새로운 환경적응에 실패하여 불행하게 된 경우도 있을 것이다. 그러나 좋은 양부모를 만나 훌륭히 성장하여 성공적인 삶을 영위하고 있는 사람들도 상당수 있다. 나는 프랑스와 스위스에 12년간 체류하는 동안 이런 사람들을 종종 만날 기회가 있었으며 그들 가정에도 초대받은 적이 있었다. 많은 경우 이들은 자신들의 뿌리를 그리워하며 양부모와 함께 유럽에서의 한국 문화의 전도사 역할을 자임하고 있다. K팝의 파리 입성에 일등 공신 역할을 한 막심 파케도 그렇다. 프랑스 사회에서 성공한 이들 입양인이 한국에 남아 있었으면 어떻게 되었을까를 생각하며 나는 이들의 운명을 바꾸어놓은 서양 사회의 입양 문화를 다시 생각하게 된다.

F2는 이 특집을 보도하면서 이들이 대거 프랑스에 온 1970년대에는 한국의 경제 상황이 미혼모가 독력으로 자녀를 양육하기에는 어려운 여건이었다고 설명한다. 그러나 경제적인 이유는 단지 여러 가지 이유 중 하나일 것이다. 그것보다는 혈연을 중시하는 한국 사회는 남의 자식

을 입양하기를 꺼린다고 말하는 것이 더 맞는 얘기일지
도 모르겠다.

　비백인에 대한 편견은 상존하지만 그래도 서구 사회에
는 인종과 사회적 신분을 초월하여 입양하는 전통이 있
다. 이는 서구 사회를 지배해온 그리스도교 문화와 무관
하지 않아 보인다. 성경은 과부, 고아, 가난한 사람들을 돌
보라고 가르치지 않는가. 1832년의 파리 봉기Insurrection
républicaine à Paris en juin 1832를 소재로 쓴 빅토르 위고의
소설 『레미제라블』에서 주인공 장 발장은 미혼모 여직공
의 고아가 된 딸 코제트를 입양한다. 그보다 앞서 권력분
립론으로 유명한 계몽주의 시대의 프랑스 정치사상가 몽
테스키외Montesquieu, 1689~1755는 귀족 출신이었지만 그
의 유아 영세 대부는 같은 교구에 사는 거지였다고 한다.
이는 그의 부모가 자기네 아들이 '가난한 사람들이 그의
형제라는 것을 평생토록 기억하게 하기 위해afin qu'il se
souvienne toute sa vie que les pauvres sont ses frères' 취한 결정
이라고 한다. 천민자본주의가 만연해가는 오늘날 한번 되
새겨볼 만한 일화다.

5. 재외문화원과 국격

2000년 봄 파리문화원장으로 부임했을 때다. 재불 한국학 교수들을 상견례 겸 오찬에 초대했다. 이 자리에는 좌장 격으로 지금은 고인이 되신 이옥李玉 교수가 참석하셨다. 한 참석자가 이옥 교수에게 다음과 같이 질문했다. "한국 고궁들의 규모가 작은 것은 중국을 의식한 때문입니까?" 이 교수는 "그럴 수도 있다"고 짤막하게 답변했다. 프랑스 한국학의 개척자인 이옥 교수는 원래 고구려사를 전공한 사학자다.

이 이야기를 듣고 돌아와 문화원 정문에 부착돼 있는 '한국문화원'이란 동판을 다시 보니 유난히도 작아 보였다. 이제는 동아시아의 변방 국가가 아닌 한국이 중국을 의식해서 그런 것은 아니겠지만, 오랜 세월의 역사적 경험이 자신들도 모르게 우리 DNA에 녹아든 것은 아닐까 하고 자문해보았다. 나는 즉시 서울에 훨씬 큰 크기의 동판을 주문하여 기존의 것을 교체하는 한편 관청가인 파리 7구 대로변에서 위세를 뽐내고 있는 영국문화원British Council이나 캐나다 문화원처럼 큰 국기태극기를 게양토록 조치했다.

왜냐하면 문화원이란 보안을 중시하는 대사관 본 청사와는 달리 일반인들에게 접근이 용이해야 하며 그러기 위해서는 대외적인 위상과 가시성 visibility 이 중요하기 때문이다.

그러고 나서 얼마 후 문화원이 위치한 이에나 대로 avenue d'Iéna 를 산책하다 한 블록 거리인 기메박물관 앞 이에나 Iéna 광장 쪽으로 가보니 독일문화원 Goethe-Institut 을 안내하는 도로 표지판이 눈에 띄었다. 이를 본 순간 나는 독일문화원 안내판이 있다면 한국문화원 안내판도 있어야 할 것이 아닌가 하고 생각했다. 그래서 알아보니

새로 교체한 '한국문화원' 동판

이 도로 표지판을 설치해준 당국은 파리 시청이었다. 나는 형평성 있는 대우를 주장하며 한국문화원 인근 도로에도 이와 같은 안내 표지판을 설치해줄 것을 강력히 요청하는 서한을 파리 시청에 보냈다. 그러고는 "접수하여 검토 중이라는" 통상적인 수준의 답신이 오자 그냥 내버려두면 부지하세월이라고 판단, 재차 독촉 서한을 보내는 등 여러 달에 걸친 끈질긴 '투쟁' 끝에 결국은 이를 성사시켰다. 이렇게 하여 한국문화원이 있는 도로 양단에도 'Centre Culturel Coréen'이란 파리시의 안내 표지판이 당당히 세워지게 되었다.

그러나 이런 조그만 변화에도 불구하고 파리 한국문화원의 위상을 근본적으로 제고하기 위해서는 더 중요한 문제가 남아 있다. 나의 재임 기간 때부터 제기된 문제지만 아직도 해결 안 되고 있는 문화원 건물의 이전 문제다.

현재의 파리 한국문화원은 1980년에 구입한 주거용 아파트의 지하와 1층을 사용하고 있어 G20 주최국이 된 오늘의 한국의 위상과는 영 동떨어진 느낌이다. 더욱이 전시장과 강연장 등으로 쓰는 지하 공간은 노후한 배수관이 집결해 있는 곳이라 조금만 비가 많이 와도 천장이 새는 등 귀중한 작품을 전시하기에는 문제가 많다. 또 제대

필자가 파리시에 요청하여 세운 한국문화원 안내 도로 표지판(파리 한국문화원 제공)

로 된 극장이 없어 김덕수 사물놀이 등 우수한 우리 전통
예술단의 공연을 일본문화회관에 뺏기는 경우가 왕왕 있
어왔다.

파리는 세계 각국이 문화외교 경쟁을 하는 곳이다. 중
국, 일본은 물론 다른 주요국들의 문화원들은 모두 상당
한 위상의 단독 건물을 보유하고 있다. 일본의 경우는 개
선문 근처의 고급 건물에 일본 대사관 광보문화원이 위치
하고 있으며, 이와는 별도로 에펠탑 근처 대로변에 일본
국제교류기금이 운영하는 지상 6층, 지하 5층의 초현대식
'일본문화회관'이 있다.

우리의 경우는 파리, 뉴욕, LA, 도쿄 등 소위 4대 문화

원 중 도쿄, LA 문화원은 이미 훌륭한 건물을 가지고 있고 뉴욕문화원은 새로운 건물을 위한 부지를 확보한 상태다. 그러나 파리문화원 이전 문제는 거론된 지가 10년이 넘었지만 아직도 구체적인 대책이 안 나오고 있다.

2010년은 파리 한국문화원 개원 30주년을 맞는 해였다. 그동안 파리 한국문화원에는 프랑스 대통령, 국회의원을 위시해 수많은 프랑스 조야의 주요 인사들과 동양문화 애호가들이 다녀갔다. 이제는 우리도 세계 문화의 수도인 파리에 국격에 걸맞은 문화원을 가질 때다. 이를 위

파리의 일본문화회관 ⓒ Wikimedia Commons, Guilhem Vellut

해서는 행정부는 물론 정치권의 적극적인 관심이 필수적이다. 재외 문화원은 우리 문화의 진열창이다. 한 나라의 문화적 이미지가 그 나라의 대외 경쟁력을 좌우한다고 하는 오늘날, 해외 문화원의 중요성은 아무리 강조해도 지나치지 않을 것이다.

6. 'Cité Universitaire' 한국관

파리에 자리한 국제학생기숙사촌인 'Cité inter nationale universitaire de Paris 약칭 Cité Universitaire, 시테 위니베르시테르'에 한국 유학생 전용 기숙사 건물이 들어선다. 이명박 대통령은 재임 시절 니콜라 사르코지 프랑스 대통령과의 정상회담에서 파리 14구의 시테 위니베르시테르에 한국관을 설립하는 방안에 합의했다.

언론 보도에 의하면 이 합의로 프랑스 정부는 시테 위니베르시테르에 한국관을 건립할 수 있도록 6,000㎡ 정도의 부지를 제공할 예정이며 기숙사 건축비는 우리 정부가 부담하게 된다.

우리 정부는 자체 예산조달과 함께 한국에 진출한 프랑

스 기업들과 프랑스에 진출해 있는 한국 기업들의 지원을
받아 200실 규모의 '한국관'을 지을 계획이라는데 이 건
물 1층에는 문화홍보관 등도 설치해 우리 문화를 알리는
장소로도 활용할 계획이다.

재불 한국 유학생들의 오랜 숙원인 시테 위니베르시테

1977년 '시테 위니베르시테르' Maison Internationale(국제관) 앞에 선 필자. 이 건물은 미국인 자
선가 존 록펠러 주니어가 기증한 것이다.

르 한국관 건립은 만시지감은 있으나 환영할 만한 일로 1970년대 후반 이곳에서 1년을 지냈던 나로서는 감회가 특별하지 않을 수 없다. 그리고 이러한 소회는 그간 이곳을 거쳐 간 많은 한국인들의 경우도 마찬가지리라 생각된다. 지금까지 이 국제 기숙사 단지에 거주하는 한국 유학생들과 연구자들은 미국, 영국, 캐나다는 말할 것도 없고 일본, 인도 등에서 온 학생들과도 달리 자국관이 없어 이곳저곳 분산되어 '셋방살이'를 하는 신세였다.

1970년대 한 한국 재벌이 파리를 방문했을 때 그 기업의 파리 주재원이 시테 위니베르시테르에 한국관 건립을 위해 기부할 것을 제안했으나 별 관심을 안 보였다는 얘기를 들은 적이 있다. 근 40년이 지나서야 기업가 출신의 한국 대통령이 프랑스를 방문해 이 오랜 숙원 해결의 단초가 마련됐다. 새삼 대한민국이 지난 반세기간 이룩한 정치, 경제적 위상 변화를 실감하지 않을 수 없다.

G20 정상회의 의장국 자리를 프랑스에 넘겨준 한국은 이제 더 이상 권위주의 체제의 개발도상국이 아니라 서방 선진국들이 무시 못할 상대로 부상했으며 많은 후발 개도국들의 귀감이 되고 있다.

1920년 양차 대전 사이 평화주의적 분위기 속에서 당시 프랑스 문교장관이던 앙드레 오노라 André Honnorat가 알자스 출신 기업가인 에밀 도이치 드 라 뫼르트 Émile Deutsch de la Meurthe의 지원으로 추진한 '시테 위니베르시테르'의 건립은 그동안 프랑스와 외국 정부 그리고 독지가들의 지원을 받아 이제는 41개동棟에 5,600명을 수용할 수 있는 대규모 국제 기숙사 단지로 발전했다. 한편 이 단지 내의 가장 오래된 건물인 도이치 드 라 뫼르트 Deutsch de la Meurthe관은 1998년 문화재 monument historique로 지정되었다. 또 강당과 중앙 식당 등이 들어서 있는 가장 큰 건물인 'Maison Internationale 국제관'은 미국인 자선가 존 록펠러 주니어가 기증한 것이다. 그동안 전 세계에서 20만 명의 학생들이 시테 위니베르시테르를 거쳐 갔으며 현재는 140여 개국의 학생들이 체류하고 있다. 파리의 대학들은 주로 건물만 있고 캠퍼스가 없으나 이곳 '시테 위니베르시테르'에는 산책하기에 손색이 없는 대규모의 쾌적한 정원과 도서관, 전시관, 강당, 운동 시설, 식당 등 제반 편의 시설이 있으며 강연, 전시, 음악회 등 문화 행사가 연중 내내 있어 젊음과 낭만이 넘쳐흐르는 국제 교류의 장場이 되고 있다. 그간 이곳을 거쳐 간 수많은 명사 중에 프랑스 실존주의 철학자 장 폴 사르트르, 캐나다의 전

시테 위니베르시테르의 야경(Kenji-Baptiste OIKAWA 찍음)

수상 피에르 트뤼도Pierre Trudeau, 시인이자 프랑스 한림
원Académie française 회원이었던 세네갈의 전 대통령 레오
폴 세다르 셍고르Léopold Sédar Senghor 등이 있다.

21세기를 문화의 세기라 한다. 시테 위니베르시테르에
들어설 한국관은 프랑스 내에서 한국학과를 최초로 설립
한 파리 7대학에 현재 조성되고 있는 한국식 정원과 함께
문화대국 프랑스에서 중국이나 일본에 비해 뒤지고 있는
한국의 문화적 존재감을 높여주는 데 기여할 것으로 기
대된다.

7. 오페라역과 예술의전당역

　지난주 오페라 공연을 보러 예술의전당에 갔다. 대중
교통으로는 접근이 불편한 곳이라 자동차를 가지고 갔는
데 지하 주차장이 만원이라 옥상 주차장으로 올라가 간
신히 주차를 했다. 그런데 이게 웬일인가. 공연을 보고 나
오니 내 차 앞에 다른 차가 가로로 주차돼 빠져나올 수가
없었다. 차 주인이 오질 않아 한참을 기다렸는데 건너편
을 보니 음악회에 온다고 성장盛裝을 한 여인들이 남의 차
를 떠미는 진풍경까지 벌어지고 있었다. 선진국에서라면
보기 힘든 광경이다. 나는 이 문제의 이유를 곰곰이 생각
해보았다. 주차장이 협소한 탓도 있겠지만 예술의전당 같
은 주요 공연장이 지하철로는 바로 연결이 안 돼 많은 사
람들이 자동차를 가지고 오는 것이 주된 이유인 것 같았
다. 대중교통으로 예술의전당에 가려면 지하철에서 내려
다시 셔틀 버스로 갈아타야 하는 번거로움을 감수해야 한
다. 이 문제는 예술의전당 개관 이래 26년째 해결이 안 되
고 있다.

　파리에는 국립 오페라 극장이 둘 있다. 19세기 후반 나
폴레옹 3세 때 파리 개조 사업의 일환으로 건축된 '오페

라 가르니에'와 1989년 개관한 현대식 '오페라 바스티유'
가 있다. 두 극장 모두 바로 앞에 지하철역이 있다. 오페
라 가르니에 앞의 '오페라역'은 파리 지하철 개통 4년 후
인 1904년에 지은 유서 깊은 역으로 지금은 파리의 위성
도시들과 급행 교외선으로 연결되는 주요 환승역이다. 그
런가 하면 바스티유역에 가는 지하철 노선도 셋이나 된
다. 두 역 다 연간 이용자수가 1,200만 명을 넘는다. 교통
이 편리한 건 오페라 극장만이 아니다. 파리의 지하철 노
선도를 보면 루브르, 그랑 팔레, 오르세 미술관 등 관광객
들이 즐겨 찾는 주요 문화 기관들의 명칭을 딴 역 이름들
이 눈에 띄는데 관광산업과의 상승효과는 물론 파리가 문
화 도시임을 전 세계에 보여주고 있다.

우리의 경우는 어떤가? 예술의전당뿐만이 아니라 국립
극장도 대중교통으로는 접근이 어려운 곳에 격리되어 있
다. 국립현대미술관 본관은 과천에 있다. 이와는 달리 서
울의 일부 유명 백화점들은 지하철에서 내려 지상으로 나
오지 않고 바로 연결된다. 민民과 관官의 차이인가?

새 정부가 '문화융성'을 4대 국정 기조의 하나로 설정
했다. 매우 시의적절한 결정이다. 연성 국력 soft power 이
중시되는 21세기에 문화의 중요성은 아무리 강조해도 지

1875년 준공된 파리의 오페라 가르니에 극장. 극장 바로 앞에 전철역이 보인다. 파리의 모든 주요
문화 시설은 지근거리에 전철역이 있어 대중과 함께한다. © Wikimedia Commons

나치지 않는다. 그러나 문화 정책이란 프랑스의 경우처
럼 정권에 관계없이 일관성 있게 추진되는 국가 백년대계
가 되어야 한다. 그리고 문화가 융성하기 위해서는 대중
이 문화에 가까이 갈 수 있도록 문화를 민주화하는 조치
부터 취해야 한다. 현대 프랑스 문화 행정의 초석을 놓은
제5공화국 초대 문화장관 앙드레 말로가 추구한 정책의
핵심은 "예술가들의 생활보호와 모든 이들의 문화 접근 la
protection sociale pour les artistes et l'accès pour tous à la culture"
이었다. 이를 위해서는 내국인은 물론 외국인 관광객들
을 위해서도 문화 시설이 대중교통과 편리하게 연계되

어야 한다.

　만시지탄의 감이 있지만 후대를 위해 지금이라도 대한민국의 문화예술을 대표하는 예술의전당 앞에 지하철역을 만들자. 역대 대통령과 서울 시장이 못한 일을 박근혜 정부가 해낸다면 상징성이 크고 역사에 족적을 남기는 업적이 될 것이다.

프랑스를 생각한다

'자유, 평등, 박애'의 발원지

Reflexions sur la France

4부 프랑스와 세계

4부
프랑스와 세계

1. 프랑스와 미국

프랑스는 미국의 가장 오랜 동맹국이다. 7년 전쟁 Seven Years' War, 1756~1763년으로 북아메리카의 뉴프랑스 현재의 캐나다 퀘벡 주와 온타리오 주 등를 영국에 빼앗기게 된 프랑스는 앙시앙 레짐 말기에 미국 독립 전쟁에 참전해 식민지군을 지원, 요크타운 전투 Battle of Yorktown에서 영국군의 항복을 받아내고 독립 전쟁의 승리를 이끌어내는 데 결정적인 기여를 한다. 1783년 영미 간의 강화회담은 파리에서 개최되었으며 프랑스는 당초 미국인들이 가졌던 우려와는 달리 미국에게 유리한 협정이 체결되는 데 일조했다.

또 몽테스키외 등 프랑스 사상가들은 미국의 건국이념과 정치 제도의 초석을 놓는 데 기여했다. 한편 아메리카 혁명에 의해 자극을 받아 근본적인 구체제의 재편성을 위한 혁명이 1789년 프랑스에서 일어나게 되었다.

이러한 양국 관계를 반영하듯이 위인을 기리는 도시 파리에는 미국의 '건국의 아버지 Founding Fathers'인 초대 대통령 조지 워싱턴, 프랑스의 미국 독립 전쟁 참전을 설득한 초대 주불 공사 벤저민 프랭클린, 그리고 또 프랭클

린의 후임으로 미국 공사를 지낸 토머스 제퍼슨의 동상
이 있다. 또 제퍼슨이 거주하던 샹젤리제의 건물에는 이
를 기념하는 명패가 붙어 있다. 그리고 워싱턴과 케네디
대통령의 이름을 딴 도로도 있고 '미국 광장Place des États-
Unis'도 있다. 워싱턴에는 요크타운 전투에 참전했던 귀족
출신 프랑스 장군 라파예트Lafayette를 기리는 공원과 동
상이 있다. 또 뉴욕에는 프랑스 국민이 미국 독립을 기념
하여 기증했다는 '자유의 여신상'이 이 위대한 도시를 방
문하는 전 세계인을 반기고 있다.

파리의 '미국 광장(Place des États-Unis)'에 있는 워싱턴과 라파예트의 동상 ⓒ Wikimedia
Commons

파리는 예나 지금이나 미국의 문화 예술인들이 동경하는 도시다. 1차 세계대전 후 전쟁에 환멸을 느끼고 물질주의적인 미국 사회를 혐오한 소위 '잃어버린 세대Lost Generation'의 작가들헤밍웨이, F. 스콧 피츠제럴드, 저투르드 스타인 등에게 파리는 메카가 되어주었다.

프랑스와 미국 간의 혈맹관계는 현대사에서도 재현되는데 미국은 1944년 6월 노르망디 상륙 작전을 통해 나치 독일에 결정타를 안기고 프랑스의 구출에 앞장선다. 그러나 파리의 해방은 프랑스인들에게 맡겨달라는 드골의 요청을 들어준다.

이와 같이 프랑스는 미국이 태생 때부터 깊은 관계를 맺으면서 서로 상대국을 사활의 위기에서 구원하고 사상적인 영향을 주고받은 오랜 우방이지만 양국 간의 관계는 늘 순탄치만은 않다. 왜냐하면 프랑스는 미국에 군사적으로, 정치적으로 또는 문화적으로 종속되는 것을 거부하기 때문이다. 이러한 프랑스의 '주권 수호'에는 좌우나 여야가 따로 없이 공감대가 형성돼 있다. 그래서 프랑스는 서방 세계에서 미국에 'No'라고 말할 수 있는 유일한 나라다.

자주 국방 정책을 추구한 드골은 1966년 미국 주도의

NATO 통합군사조직에서 프랑스를 탈퇴시켰고, 시라크는 미국의 이라크전 참전 요청을 끝까지 완강하게 거부하여 미국에서 프랑스 상품 불매 운동이 일어나기도 했었다.

프랑스는 또 국제 통상에서 '문화적 예외l'exception culturelle'를 주장하며 미국의 문화적 패권을 견제하고 자국 문화와 프랑스어를 지키려는 다각적인 노력을 전개하고 있다. 프랑스는 적극적인 정부 지원책에 힘입어 유럽에서 유일하게 할리우드의 블록버스터에 대항하여 자국 영화산업을 지키고 있는 나라다.

《뉴욕 타임스》는 한국 태생의 플뢰르 펠르랭 당시 프랑스 중소기업·혁신·디지털경제부 장관을 가리켜 올랑드 정부의 "디지털 주권digital sovereignty" 확보 운동의 핵심 인물이라고 칭했다. 그녀의 핵심 임무 중의 하나는 프랑스에서 탈세 영업 등의 비난을 받고 있는 구글, 트위터, 아마존 등 미국 회사들을 감시하고 규제하는 일이다.

프랑스와 미국은 민주주의의 기본 가치는 공유하지만 정치와 언론 문화, 국민 정서와 윤리관에는 다소 차이가 있다.

올랑드 신임 대통령이 G8 정상회의 참석차 미국을 방

문했을 때 미국 언론의 최대 관심사는 그가 동반한 발레리 트리에르바일레 Valérie Trierweiler 란 여인이었다. 시사화보 《파리 마치 Paris Match》의 편집 간부인 그녀는 2000년대 중반부터 올랑드와 동거하는 관계 union libre 였다. 'Union Libre 자유 결합'란 우리말로는 통상 '계약 결혼'이라고 번역하는데 일찍이 사르트르와 보부아르가 유지했던 관계로 두 사람의 결합은 1980년 4월 사르트르가 세상을 떠날 때까지 50년간이나 지속되었다. 일부 미국 언론은 'First Girlfriend'란 짓궂은 표현까지 써가면서 트리에르바일레에 대해 관심 있게 보도했는데 미국에서는 대통령이 정식 결혼을 하지 않은 여자와 동거한다는 것은 상상도 할 수 없는 일이기 때문일 것이다. 그러나 프랑스에서는 대통령의 '계약 결혼'이 그렇게 충격적인 것도 아니고 치명적인 결격 사유도 되지 않는다. 프랑스 언론과 국민은 정치인들의 사생활이 실정법 위반이 아닌 한 크게 문제 삼지 않기 때문이다. 사생활은 사적인 영역에 속하는 문제로 공적인 업무 수행과는 무관하다는 생각에서다.

또 하나 프랑스와 미국 간에 차이를 드러내는 것은 sexism 여성에 대한 성차별 과 political correctness 말의 표현이나 용어의 사용에서, 인종·민족·종교·성차별 등의 편견을 배제하는 일 에 대한 기준이다. 오바마 대통령은 캘리포니아 주 애서턴에서 개최된 민주당 기금모금 오찬에 참석했다가 오바마 부부의 오랜 친구이며 후원자로 이 모임에 참석한 미모의 캘리포니아 주 법무장관 캐멀라 해리스Kamala Harrris를 "미국에서 최고로 잘생긴 법무장관by far, the best-looking attorney general in the country"이라고 칭찬했다가 언론과 소셜 미디어의 집중 포화를 받았다. 여성 정치인을 직무 능력이 아니고 외모로 평가하는 것은 성차별sexism이라는 것이다. 결국은 백악관 대변인을 통해 사과하는 '소동'까지 벌어졌는데 프랑스 공영 TV F2는 저녁 종합 뉴스 시간에 이 '사건'을 흥미롭다는 듯이 보도하면서 이것은 '무해한anodin' 칭찬을 곡해한un compliment très mal interprété 것으로 전형적인 미국식 political correctness의 한 사례라고 비꼬았다.

2. 프랑스와 독일

 1996년 1월 11일 파리의 노트르담 성당에서는 14년간의 집권을 마치고 1년 전 퇴임한 고 프랑수아 미테랑 전 프랑스 대통령의 추모 미사가 보리스 옐친 러시아 대통령, 헬무트 콜 독일 총리, 존 메이저 영국 총리, 엘 고어 미국 부통령, 피델 카스트로 쿠바 대통령을 위시한 60명의 외국 국가 원수와 정부 수반 등 모두 1,300명의 국내외 지도자들이 참석한 가운데 거행되었다. 참석자들의 면면은 20세기 유럽 정계의 거인이었던 미테랑의 국제적인 위상을 말해주는 것 같았다. 시종 장중하게 진행된 이 미사는 세계적인 소프라노 가수 바바라 헨드릭스가 'Pie Jesu'를 부를 때 그 애도 분위기가 극치에 달했는데 특히 고인과 함께 유럽통합을 강력히 추진했던 콜 총리는 연신 눈물을 흘려 눈길을 끌었다.

프랑스 사회당 출신인 미테랑과 독일 기민당 출신인 콜은 이념 노선은 달라도 유럽통합의 견인차 역할을 한 두 지도자로 10여 년에 걸친 두 사람 간의 우정과 신뢰 관계는 상대방이 국내 정치에서 곤경에 처할 때 서로 지원 사격에 나설 정도로 깊었다. 1983년 당시 서독은 미국의 중거리 핵미사일 배치 문제로 국론이 분열돼 취임 초기의 콜 정부가 위기에 봉착했는데 이때 미테랑이 서독을 방문, 연방의회에서 미사일 배치 지지 연설을 했다. 사회주의자인 미테랑의 연설은 독일 사민당의 생각을 바꾸는 데 결정적인 기여를 했다. 9년 뒤인 1992년에는 콜 총리가 미테랑 지원에 나섰다. 마스트리히트 조약 비준을 위한 국민투표를 앞두고 거센 반대에 직면한 미테랑을 위해 콜이 프랑스 TV에 출연 적극적인 지지 연설을 해준 것이다. 결국 비준안은 통과됐다.

콜과 미테랑의 우정은 2차 세계대전 후 독불 화해와 협력의 초석을 놓은 탁월한 혜안의 두 지도자 샤를 드골 프랑스 대통령과 콘라트 아데나워 독일 총리가 추구한 담대한 화해정책의 연장선상에서 이해해야 한다. 드골과 아데나워의 첫 만남은 1958년 콜롱베레되제글리즈Colombey-les-Deux-Églises에 있는 드골의 시골 사저에서 이루어졌는데 두 사람 사이는 곧 우정과 신뢰관계로 발전, 양국 간 화해의 촉매제가 된다. 아데나워는 독불 협력이 유럽의 평화와 번영의 관건이라는 인식을 가지고 있었다. 1963년 아데나워 총리는 프랑스를 방문 엘리제궁에서 독·불 우호조약le traité d'amitié franco-allemand, 약칭 traité de l'Élysée을 체결한다. 엘리제조약은 보불전쟁과 양차 대전을 통해 숙적이었던 프랑스와 독일이 새로운 우호관계를 시작하는 출발점이 되었다. 조약 체결로 양국의 수많은 도시와 사회단체는 자매결연을 하게 되었고, 특히 청소년과 대학생의 교류가 활성화되었다. 합작항공사 에어버스가 설립됐고 또한 독일군과 프랑스군이 공동 참여하는 독불여단이 창설됐다.

2003년부터는 양국의 정상을 포함해 모든 각료가 참석하는 합동 내각회의 le Conseil des ministres franco-allemands 가 1년에 두 번 개최되고 있다. 이 밖에 독·불 협력의 성공적인 사례로 1992년 프랑스와 독일 합작으로 양국 국경 지대인 스트라스부르에 개국된 아르떼 ARTE 방송을 빼놓을 수 없다. 불어와 독일어로 방송하는 고급문화 전문 채널 la télévision culturelle franco-allemande 인 이 방송은 독·불 이해와 교류의 문화적인 인프라로 두 국가가 공동 운영하는

드골(왼쪽)과 아데나워 ⓒ Deutsches Bundesarchiv

공영방송이란 유례없는 시도로 유럽의 문화전문채널을 지향하며 전 유럽인의 호평을 얻고 있다. 아르떼는 재원의 95%가 프랑스·독일 국민의 시청료에서 나오며 상업광고는 하지 않는다. 따라서 시청률에 구애받지 않고 상업방송에서 접할 수 없는 예술·역사 등 격조 높은 문화 콘텐츠에 집중하고 있다. 올해에는 1차 세계대전 발발 100주년 기획을 방영할 예정이라 한다. 양국 공동 역사 연구의 한 사례가 될 것이다.

독·불 간의 화해 협력과 이를 초석으로 한 유럽 통합은 무엇보다도 독일이 과거사 반성에 대한 진정성을 보여주었기 때문에 가능할 수 있었다. 이는 높은 역사 인식과 통찰력을 지닌 양국 지도자들이 이끌어낸 것으로 이들은 유럽의 미래에 대한 비전을 공유하고 있었다. 그런데 중요한 것은 독일의 과거사 반성이 한 번의 협정이나 몇 차례의 제스처로 종결되는 것이 아니라 현재 진행형이라는 점이다. 독일은 또 이러한 사실을 전 세계에 적극 홍보하여 감동을 주고 있다. 과거사 반성은 독일의 국가 브랜드다.

지난해 9월 프랑스를 국빈 방문한 요아힘 가우크Joachim Gauck 독일 대통령은 바쁜 일정에도 불구하고 1944년 부녀자와 아동을 포함하여 642명의 주민이 독일군에 의

해 학살된 프랑스 중부 지방의 마을 '오라두르 쉬르 글란Oradour-sur-Glane'을 찾아 용서를 빌었다. 가우크 대통령과 동행한 프랑수아 올랑드 프랑스 대통령은 가우크 대통령의 용단에 경의를 표하면서 그의 행동은 "망각을 거부하고 동시에 미래를 함께 건설하려는 메시지를 행동으로 보여준 것"pour porter le message, le seul qui vaille: ne rien oublier et être capable, en même temps, de construire l'avenir ensemble"의 의역"이라고 평가했다. 목사 출신으로 과거 동독의 인권운동가였던 가우크 대통령은 이미 체코와 이탈리아의 나치 학살 현장을 방문해 나치 과거사를 반성하는 모습을 보인 적이 있다.

독·불 화해와 협력을 지켜보면서 유럽을 모델로 근대화한 일본이 왜 역사 인식에서는 유럽을 벤치마킹하려 않는지 안타까운 심정을 금할 수 없다.

3. 애증의 영불관계

엘리자베스 2세 영국 여왕이 노르망디 상륙작전 70주년을 맞아 프랑스를 국빈 방문했다. 영국은 프랑스를 나치 독일로부터 구출하고 2차 세계대전의 승리를 가져온 노르망디 상륙작전에 참가한 연합국 중 미국 다음으로 많은 6만 5,000명의 사상자를 냈다. 이런 사실을 강조하려는 듯 70주년 기념행사에는 여왕 부처 외에도 찰스 황태자 부부, 윌리엄 왕세손 부부 등 영국 왕실의 삼대가 총출동했다. 이 외에 데이비드 캐머런 총리도 참석했다.

1952년 영국 군주에 즉위한 엘리자베스 2세가 프랑스를 국빈 방문한 것은 이것이 다섯 번째다. 그녀와 남편 필립 공은 영불 교류의 상징이라 할 수 있는 유로스타 Eurostar를 타고 파리에 도착했다. 영불해협의 해저 터널을 통과하는 이 고속철은 런던의 워털루역과 파리의 북역을 불과 2시간 15분 만에 연결한다. 전용기 대신 유로스타를 택한 것은 대중과 함께하는 소박한 이미지의 전달과 함께 영국과 프랑스가 가까운 이웃이라는 점을 강조하기 위한 것으로 보인다. 엘리자베스 2세를 보기 위해 연도를 메운 파리 시민들은 "Vive la reine! Longue vie à la reine! 여왕 만세!, 여왕 만수무강!"를 외치며 영국 여왕을 열렬히 환영했다. 자신들의 왕과 왕비를 단두대로 보낸 프랑스인들의 이러한 환호성은 좀 아이러니하게 들릴지도 모르나 이는 프랑스어를 완벽하게 구사하며 프랑스 문화를 존중하는 엘리자베스 2세 여왕에 대해 프랑스인들이 가지는 호감의 표시이자 영국에 대해 그들이 느끼는 애증의 한 단면이다.

프랑스 TV는 엘리자베스 2세 여왕이 노르망디 상륙작전 70주년 기념행사에 참석한 외국 지도자 중 유일한 2차 세계대전 참전 용사라는 사실을 군복 차림으로 앰뷸런스 앞에 서 있는 그녀의 젊은 시절 영상 자료와 함께 보도했다. 그녀는 2차 세계대전 중 영국 여군에 자원하여 구급차 운전기사로 복무했다. 노블레스 오블리주의 귀감이다. 파리 시는 이번에 파리 중심부 시테 섬에 있는 꽃 시장을 '엘리자베스 2세 여왕 화훼 시장Marché aux fleurs Reine Elizabeth II'으로 개명하여 여왕 참석하에 현판 제막식을 가졌다. 이유서 깊은 화훼 시장은 1948년 여왕이 신혼 때 필립 공과 함께 파리를 처음 방문했을 때 특별히 마음에 들어 했던 곳이다. 파리에는 이미 그녀의 할아버지인 영국 왕 조지 5세를 기리는 조르주 5번가Avenue George V가 있으며 2차 세계대전의 영웅인 윈스턴 처칠의 동상도 있다.

엘리자베스 2세 여왕은 프랑수아 올랑드 대통령 주최 국빈 만찬 답사에서 불어와 영어를 번갈아 사용하면서 자신은 프랑스 국민에 대해 '깊은 애정'을 간직해왔다고une grande affection pour le peuple français 말하고 양국 관계를 '우정과 선의의 경쟁, 그리고 경탄의 독특한 복합체ce mélange unique d'amitié, de rivalité dans la bonne humeur, ainsi que d'admiration'라고 정의했다. 한편 올랑드 대통령은 환영사에서 "프랑스인들과 영국인들은 쌍둥이와 같다. 그들은 서로 닮은 점에 놀라고 차이점에 매달리며, 근본적인 것이 위협받으면 본능적으로 단결한다Français et Britanniques sont comme des jumeaux, fascinés par leur ressemblance, farouchement attachés à leur différence, mais viscéralement unis lorsque l'essentiel est en cause"고 말했다. 이 짧은 연설은 두 지도자의 역사에 대한 깊은 통찰력을 보여주고 있다.

프랑스와 영국. 이 두 나라는 서로를 너무나 잘 알고 기본 가치를 공유하면서 경쟁하고 협력하는 가까운 이웃이다. 그러나 '쌍둥이와 같은' 영국과 프랑스가 카인과 아벨의 오랜 적대 관계를 청산하고 우호 협력 관계로 전환한 것은 20세기 초부터다. 1904년 4월 8일 영국과 프랑스는 Entente Cordiale영불화친협정을 체결해 양국 간의 식민지 정책의 대립을 해소하고 백년전쟁, 북아메리카와 아프리카 등지에서의 식민지 경쟁, 나폴레옹 전쟁 등 천 년에 걸친 영불 간의 적대 관계에 종지부를 찍는다. 이 협상은 동맹이란 용어는 사용하지 않았지만 이후 1차 세계대전 때 대독 동맹의 초석이 된다. 그 후 2차 세계대전 때 영국은 드골의 망명 정부에 피난처를 제공하고 프랑스를 나치 독일로부터 구출하는 데 미국과 함께 앞장선다. 영국과 프랑스는 EU와 NATO의 회원국이자 UN 안보리 상임 이사국으로 여러 국제 문제에도 공조하고 있다. 현재 런던에는 약 30만 명의 프랑스인들이 거주하고 있는데 이는 프랑스의 여섯 번째 도시 규모다. 프랑스에도 약 40만 명의 영국인들이 살고 있다. 영국해협the English Channel, La Manche은 세계에서 가장 통행량이 많은 해로로 도버 등 영국의 6개 도시와 칼레 등 프랑스의 9개 도시를 잇는 연락선이 수시로 오가고 있다. 또 1994년 준공된 유로 터널Channel Tunnel, Le tunnel sous la Manche은 이용자수가 연 2,000만 명에 달한다. 이 해저 터널은 19세기에 프랑스의 한 광산 기술자에 의해 최초로 제안되어 영불 간에 공사를 위한 협정까지 체결됐었으나 영국의 안보를 위협할 수 있다는 당시 영국 내의 반대 여론으로 무산된 적이 있다. 그런 면에서 이 터널의 건설은 양국 관계의 진화를 상징하는 것이다.

영국 군주의 공식 문장에는 영국 왕의 표어인 'Dieu et mon droit 신과 나의 권리'란 문구가 새겨져 있는데 이는 왕권신수설을 의미하는 불어 고어체 표현이다. 11세기 '노르만 정복 The Norman conquest of England' 이후 영국 왕실에서는 불어 고어체인 Anglo-Norman French가 사용되며 그 이후에도 영국 왕실과 런던은 프랑스의 문화적 영향을 많이 받아왔다. 한편 칼레, 됭케르크, 보르도 등 백년전쟁의 격전지였던 프랑스 도시들에는 영국 지배의 흔적이 아직도 남아 있다.

영불 간의 경쟁 관계는 양국의 역사와 영토 형성에

칼레 시청 앞에 세워진 로댕 작 '칼레의 시민(Les Bourgeois de Calais)'. 백년전쟁 때 칼레 시민들을 대신하여 처형당하겠다고 의롭게 나선 시민 대표 6인을 기념하기 위한 조각상 ⓒ Wikimedia Commons

지대한 영향을 미쳤으며 세계사에도 큰 변화를 가져왔다. 백년전쟁 1328~1453 또는 1337~1453은 프랑스의 왕권과 중앙집권화를 강화시켰다. 'Bouter les Anglais hors de France Kick the English out of France, 영국인을 프랑스로부터 내쫓아라'를 외친 잔 다르크로 상징되는 '프랑스인'은 이 시기에 형성되었다. 즉 프랑스인이라는 국민감정은 잉글랜드인에 대한 증오의식에서 출발했다고 볼 수 있다. 한편, 영국 사람들은 아직도 프랑스에 대한 경계심을 가지고 있는데, 이는 그들의 전통적인 반反가톨릭, 반反공화주의 정서와 관련이 있다. 케임브리지대학 역사학 교수인 로버트 툼즈 Robert Tombs 는 프랑스 태생인 부인 이자벨 툼즈 Isabelle Tombs 와의 공저 『That Sweet Enemy: Britain and France, The History of a Love - Hate Relationship 저 매혹적인 적: 영국과 프랑스, 애증 관계의 역사』에서 영국이 '유럽의 웃음거리에서 세계적인 대국 from European laughing stock to global great power'이 된 것은 프랑스 때문이라고 주장하며 'the British 영국민'라는 개념은 프랑스와 싸우기 위해 만들어낸 개념이고 잉글랜드, 웨일즈, 스코틀랜드와 아일랜드를 통합한 United Kingdom의 탄생은 프랑스와의 전쟁의 결과라고 기술하고 있다. 프랑스와 영국은 1689년부터 1815년까지 제2의 '백년전쟁the second hundred years war'이라 불리는 여섯 번의 큰 전쟁을 치르는데 이 전쟁들은 양국에는 물론 세계사에 큰 변화를 가져온다. 전쟁으로 인해 국력이 소모된 프랑스는 대혁명을 맞이한다. 또 영불 경쟁의 직간접적인 결과로 미국과 아일랜드는 독립하게 된다. 영국은 유럽에서의 프랑스의 패권에 도전하고 유럽 밖으로의 프랑스의 진출을 저지하며 나폴레옹 전쟁에서 승리한 이후 한 세기 동안 세계 최강 국가가 된다.

툼즈 교수는 영불관계를 '치열하고 시련이 많았던 사이an intense and troubled relationship'라고 정의하면서 전쟁과 동맹, 공존, 증오, 시기, 경탄, 모방 그리고 때로는 애정이 양국 관계를 묘사할 수 있는 주제들이라고 기술하고 있다.

엘리자베스 2세 여왕은 엘리제궁 만찬사에서 영국 시인 러디어드 키플링의 프랑스 예찬시 'France'를 아래와 같이 인용했다. "First to follow Truth and last to leave old Truths behind- France beloved of every soul that loves its fellow-kind!진리를 좇는 데 앞장서며 옛 진리를 결코 저버리지 않는 프랑스, 동지를 사랑하는 모든 이에게 소중한 당신이여!- 필자 번역"

4. 국가 원수의 외국어 연설

얼마 전 한 야당 대표가 박근혜 대통령이 해외 순방에서 해당 국가의 언어로 연설하는 것을 비판하면서 "국가를 대표하는 대통령의 공식 언어는 우리말이어야 한다"고 주장했다. 그는 "대한민국 대통령의 공식적인 언어는 우리말 하나여야 한다"며 "이것은 외교적 관례이고 원칙"이라고 단언했다.

이 주장은 일견 그럴싸하게 들린다. 그런데 과연 그럴까?

필자는 최근 프랑스 관련 저술을 위해 자료를 섭렵하다 프랑스 국립 방송 연구소 L'Institut national de l'audiovisuel, 약칭 INA가 제작한 프랑스 현대사의 영웅 샤를 드골을 회고하는 다큐멘터리 Rétrospective Charles de Gaulle 1890-1970를 볼 기회가 있었다. 이 다큐를 보면서 대단히 흥미로운 사실을 발견했다. 드골이 대통령 재임 기간 중 독일과 멕시코 등 중남미 제국을 방문했을 때 각각 독일어와 스페인어로 연설하여 관중들의 열광적인 환영을 받았다는 사실이다. 그가 단순한 인사말 정도가 아닌 꽤 긴 내용의 연설을 이 두 가지 언어로 자연스럽게 그리고 그 특유의 열정적인 웅변조로 하는 것을 보고 경탄하지 않을 수 없었다. 프랑스 역사학자 프랑수아 케르소디François Kersaudy는 「드골과 아데나워, 독불 화해의 효시De Gaulle et Adenauer, aux origines de la réconciliation Franco-Allemande」란 논문에서 1962년 드골이 독일을 국빈 방문했을 때 무려 14개의 연설을 독일어로 외워서 했다고 밝히고 있다. 프랑스인들은 모국어에 대한 자부심이 강한 것으로 유명하다. 또 국가 지도자로서의 자존심이라면 NATO 본부를 파리에서 축출한 드골을 따라갈 이는 많지 않을 것이다. 그런 드골이 불어가 아닌 방문국의 언어로 연설한 이유는 감동적이고 효과적인 메시지를 전달하기 위해서였을 것이다.

국가 원수나 정부 수반이 공식적인 연설에서 외국어를 사용한 예는 이외에도 얼마든지 있다. 영국의 엘리자베스 2세 여왕도 마찬가지다. 앞서 언급했듯이 그는 2004년 영불 화친협정Entente Cordiale 체결 100주년 기념식에서 완벽한 불어로 연설하여 관중에게 깊은 인상을 남겼다. 아마 그렇게 하는 것이 'Entente Cordiale'의 정신에 맞는다고 판단했을 것이다. 그는 1992년 미테랑 대통령 시절 프랑스를 국빈 방문했을 때에도 불어로 연설을 했고 1964년 영연방의 일원인 캐나다를 국가 원수 자격으로 방문해 퀘벡 의회에서 연설했을 때에도 불어로 했다. 간헐적으로 분리주의 운동이 일어나고 있는 퀘벡의 정서를 감안한 것이다. 또 케네디 대통령은 미소 간의 냉전이 한창이던 1963년 6월 26일 서베를린을 방문해 역사적인 연설을 하면서 'Ich bin ein Berliner! 나는 베를린 시민이다'라고 독일어로 두 차례나 외쳐 자유를 위해 투쟁하는 서베를린 시민들에게 강한 연대감을 표시하는 동시에 소련에 경고 메시지를 보냈다. 한편 미국을 국빈 방문한 프랑수아 올랑드 프랑스 대통령은 백악관 환영 행사 답사에서 인사말을 영어로 했는데 이는 버락 오바마 대통령이 환영사에서 프랑스의 국가 표어인 '자유, 평등, 박애 Liberté, Égalité, Fraternité'를 불어로 한 데 대한 화답이다. 이와 별도로 퍼스트레이디 미셸 오바마는 불어로 환영 메시지를 녹화했다.

의전은 정형화돼 있는 것이 아니다. 문제는 감동적인 메시지의 전달이다. 그러기 위해서는 현지어로 연설하는 것이 방문국의 국민에게 친근하게 다가갈 수 있는 매우 효과적인 방법이다.

프랑스를 생각한다

'자유, 평등, 박애'의 발원지

Réflexions sur la France

5부 프랑스에서 만난 사람들

5부
프랑스에서 만난 사람들

1. 베르나르 앙토니오즈를 기리며

프랑스에 세 차례에 걸쳐 10년간 거주하면서 나는 각계각층의 많은 프랑스인들을 접촉할 수 있었다. 이 중에는 어느 사회에서나 마찬가지로 여러 종류의 사람들이 있었다. 인간을 이해타산과 수단으로 대하는 사람들, 인종적인 편견을 가진 사람들도 있었다. 그러나 타인에 대한 진정한 배려와 사랑으로 남다른 감동을 주는 훌륭한 사람들도 있었다. 그중에서도 특히 프랑스 문화 정책과 예술 행정에 큰 족적을 남긴 고 베르나르 앙토니오즈 Bernard Anthonioz 씨를 잊을 수가 없다.

그러나 내가 그를 기리고자 하는 것은 그의 문화 관료로서의 뛰어난 업적 때문만은 아니다. 그것보다는 그에게서 성자聖者에 가까운 인품을 느꼈기 때문이다.

나치 독일의 프랑스 점령 당시 레지스탕스에 가담했던 베르나르 앙토니오즈 씨는 드골 정부 시절 앙드레 말로 문화장관의 막료로 문화성 예술 창작 국장 directeur de la création artistique을 역임한다. 그는 장장 11년간을 이 자리에 재임하면서 프랑스 정부의 현 조형예술 지원 정책의 초석을 놓았으며, 또 국립 현대 미술관 le Centre national d'art contemporain을 창설하여 피카소, 샤갈, 마티스 등 거장들의 회고전을 개최하고, 현존하는 우수 작가들 작품의 국고 매입을 추진하는 한편, 중국계 프랑스 화가 자오우키 Zao Wou-ki 등 역량 있는 작가의 발굴 지원에도 앞장섰다. 또 1969년 문화성에서 퇴임한 후에는 파리 및 지방의 예술 기관 및 예술가들의 지원에 여생을 바쳤다. 그는 많은 재불 한국 미술인들에게도 고마운 후원자로 기억되고 있다. 파리 근교 노장 쉬르 마른 Nogent-sur-Marne 에는 프랑스 정부 출연으로 건립된 그를 기념하는 '베르나르 앙토니오즈 예술의 집 La Maison d'art Bernard Anthonioz'이 있다.

　내가 앙토니오즈 씨를 처음 만난 것은 1986년으로 기억한다. 당시 나는 파리 한국문화원에서 문화관으로 근무하고 있었다. 앙토니오즈 씨는 당시 문화원장이 접촉하던 프랑스 문화계의 주요 인사였기 때문에 문화원장을 보좌하는 나로서는 그의 명성만 들어 알고 있는 정도였다. 그런데 한번은 그가 문화원장에게 전화를 했다가 비서로부터 휴가 중이란 얘기를 듣고 나를 바꿔달라고 하는 것이었다. 그러더니 업무 얘기만 하는 것이 아니라 여름철인데 바캉스는 안 가냐고 물어보는데 퍽 자상한 분이란 인상을 받았다. 그 후 그를 문화원장과 함께 만날 기회가 있었는데 높은 명성에 비해서는 자그마한 체구에 나직한 음성의 무척 겸손하고 온유한 분이라는 사실을 알게 되었다.

그런데 내가 그분 인품의 진면목을 발견하게 된 것은 얼마 후 한국 식당에서 일어난 한 '사건' 때문이었다. 어느 날 그 당시 파리의 한국 음식점 중 제일 고급이라는 'Le Séoul'에서 그와 함께 오찬을 할 기회가 있었다. 나 외에도 한국인 참석자가 또 있었는데 누구였었는지는 기억이 안 난다. 그런데 어처구니없는 일이 벌어졌다. 그 식당은 '고급 식당'이라 보통은 블랙 타이를 맨 프랑스인 웨이터들이 서브를 하는데 그날따라 손님이 많았던지 카운터를 보던 한국인 여 종업원이 우리 테이블을 맡게 되었다. 그런데 이 종업원이 서투른 탓인지 앙토니오즈 씨가 주문한 육개장을 들고 와 그 뜨거운 국그릇을 그의 등에다 통째로 엎어버린 것이다. 다행히 그는 통상 서양 남자들이 식당에서 하듯이 양복 상의를 벗지 않은 상태였다. 그의 재킷은 엉망이 되었고 동석했던 사람들은 모두 크게 당황했다. 그런데 정작 날벼락을 맞은 앙토니오즈 씨는 별로 놀란 기색도 없이 아무 말도 하지 않았다. 오히려 어찌할 바를 몰라 하는 여 종업원을 위로하는 표정이

었다. 나는 그 순간 나라면 어떤 반응을 보였을까를 생각
하면서 부끄러움과 함께 앙토니오즈 씨에 대해 한없는 존
경심을 느끼게 되었다. 그가 이때 보여준 처신은 나에게
는 거의 성자의 행동처럼 느껴졌다. 그는 아무 일이 없었
던 것처럼 오찬을 예정대로 다 마치고 그의 재킷을 세탁
해주겠다는 식당에 맡긴 채로 음식점을 나섰다. 나는 그
후 그를 생각할 때마다 그때 그가 보여준 인간적인 품위
를 잊을 수가 없었다.

그의 서거 2년 후인 1996년 파리 한국문화원에서는
'베르나르 앙토니오즈 추모전'이 열렸다. 이 전시 개막식

1997년 10월 7일 파리한국문화원에서 개최된 베르나르 앙토니오즈 추모전에 참석한 미망인 주
느비에브 드골 앙토니오즈 여사(좌에서 둘째)와 자크 시라크 대통령. 좌단은 이시영 주불대사, 우단
은 조성장 주불 한국문화원장(파리한국문화원 제공)

에는 같은 레지스탕스 출신이며 드골 전 대통령의 조카인 그의 미망인 주느비에브 드골 앙토니오즈 Geneviève de Gaulle-Anthonioz 여사와 고인을 추모하는 한불 양국의 많은 예술인들이 참가했다. 특기할 일은 이날 행사에는 앙토니오즈 씨 내외와 교분이 있던 자크 시라크 당시 대통령이 직접 참석을 하여 자리를 빛내주었다. 현직 프랑스 대통령의 한국 문화원 행사 참석은 처음 있는 일로 무엇보다도 현대 프랑스 예술 행정에 큰 족적을 남긴 고인에 대한 경의의 표시겠지만 또한 프랑스인들이 소중히 여기는 박애정신을 평생 실천한 한 의인에 대한 오마주로도 느껴졌다.

2. 고마운 상티니 의원

2003년 7월 파리문화원장으로 근무하고 있을 때였다. 서울로부터 전화가 한 통 걸려왔다. 내가 과거에 모셨던 C 선배님이었다. 바캉스 철을 맞아 자제분들이 살고 있는 프랑스에 다니러 오시겠다는 전화려니 하고 반가이 그의 전화를 받았다. 그런데 평소와는 달리 침통한 음성의 C 선배님은 뜻밖의 소식을 알려왔다. 파리 대학의 네케르Necker의대 졸업 후 리옹의 한 대학병원에서 인턴으로 신경과 전문의 과정을 밟고 있는 장남 성호가명 군이 프랑스 국적을 신청했다가 거부당했다는 것이다. 성호 군의 경우 이 거부 결정은 그의 인생 계획 전체를 좌절시키는 청천벽력이었다. 왜냐하면 미국과는 달리 프랑스에서는 프랑스인들이 할 수 있는 직종에는 EU국가 출신이 아닌 한 외국인의 취업이 극히 제한되어 있기 때문이다. C 선배님은 물에 빠진 사람이 지푸라기라도 잡는다는 심정으로 나에게 어떻게 도와줄 길이 없느냐고 호소했다.

나는 무어라 대답해야 할지 막막했다. 일단 그를 위로하고 통화를 끝낸 뒤 프랑스 정부의 지인들에게 전화를 걸어 자문했으나 한결같이 너무 늦었다며 일단 거부된 결정을 번복하기는 어려울 것이란 비관적인 반응들이었다. 그런데 이 중 한 명이 "혹시 유력한 정치인을 동원할 수 있냐"고 물어보는 것이었다. 그럴 수 있다면 사정이 좀 달라질 수도 있다는 것이었다.

전화를 끊고 "유력한 정치인"이란 말을 곱씹고 있을 때 내 머리를 스쳐가는 한 사람이 있었다. 파리 서남단에 위치한 위성도시 이시레물리노ISSY-LES-MOULINEAUX의 앙드레 상티니André Santini 시장이었다. 하원의원을 겸직하고 있는 그는 불한 의원 친선그룹 의장이며 각료직도 역임한 프랑스 정계의 중진이다. 프랑스는 국회의원의 지자체장 겸직이 가능하다. 법학 박사 출신인 그는 아시아 예술의 열렬한 애호가이며 한국 화가들에게는 고마운 후원자다. 이시레물리노시는 오래전부터 '소나무회'란 재불 한국 화가 단체 회원들에게 아틀리에를 실비로 제공해오고 있다. 상티니 시장은 '소나무회' 전시회 등에서 여러 차례 만나 안면이 있는 나를 시장 공관 오찬에 초대하는가 하면 한 번은 불한 의원 친선그룹 소속 프랑스 의원들을 인솔하여 한국문화원을 방문한 적도 있었다.

나는 지체 없이 그의 비서실에 연락하여 약속을 한 후 시장 집무실로 상티니 의원을 찾아갔다. 예의 환한 미소로 나를 맞은 상티니 의원은 성호 군에 관한 설명을 안타까운 표정으로 경청한 뒤 짤막하게 "알아보겠다"고 했다. 솔직히 말해 나는 이때까지만 해도 큰 기대를 걸지는 않았다. 정치인의 의례적인 제스처일지도 모른다고 생각한 것이다. 그러나 그 뒤 그의 주도면밀한 일 처리에 탄복하지 않을 수 없었다. 우선 그는 나의 제안대로 바쁜 일정에도 불구하고 성호 군을 직접 면담해주었다. 성호 군으로부터 좀 더 자세한 자초지종을 들은 뒤 그는 프랑수아 피

하원의원단을 인솔하고 파리한국문화원을 방문한 상티니 의원(오른쪽에서 셋째)을 영접하는 저자, 우단은 장재룡 주불대사

용François Fillon 사회·노동·연대 장관후일 총리에게 직접 편지를 보내 성호 군의 국적 신청 건을 재심해줄 것을 정식으로 요청했다. 그리고는 회신이 시간을 끌자 재차, 삼차 촉구하는 서한을 보내면서 직접 이 문제를 챙겼다. 이럴 때마다 그는 관련 서한의 사본과 함께 사건의 진행 상황을 나에게 알려주었다.

2003년 성탄 직전 드디어 기적이 일어났다. 성호 군의 프랑스 국적 신청을 허가한다는 12월 22일자 피용 장관의 서신을 상티니 의원이 접수한 것이다. 성호 군과 서울의 부모는 이 성탄 선물에 기뻐하면서 마침내 안도의 한숨을 쉬었다.

며칠 후 성호 군이 고맙다는 인사를 위해 문화원으로 나를 찾아왔다. 나는 고마워해야 할 사람은 내가 아니고 "상티니 의원과 너의 부모님"이라고 하면서 이분들의 은혜를 늘 잊지 말라고 당부했다. 나는 지금도 가끔 이 사건을 생각하면서 성호 군이 상티니 의원처럼 국적과 인종을 넘어 자신의 도움을 필요로 하는 사람들에게 인술을 베푸는 훌륭한 의사가 되기를 기원해본다.

3. 파리에서 만난 김경원 박사

파리는 예나 지금이나 손님이 많은 곳이다. 파리를 목적지로 방문하는 이들이 있는가 하면 유럽의 다른 곳이나 중동, 아프리카 등지로 가는 길에 기착하는 관광객들도 적지 않다. 이 손님들 중에는 여러 부류가 있다. 그저 증명사진이나 찍고 쇼핑이나 하러 온 사람들이 있는가 하면 유럽의 문화를 잘 알고 더욱 깊이 있게 체험하려는 이들도 있다. 이 후자의 분들을 만나면 나도 한 수 배우게 된다. 그런 분들 중에 김경원 박사가 있었다.

파리문화원장으로 근무하던 2001년 11월이었다. 서울로부터 반가운 전화가 걸려왔다. 내가 평소에 존경하고 멘토로 모시고 있는 김영수 전 문화부 장관님이셨다. 다음 달에 지인들과 함께 부부 동반으로 파리를 방문하시는데 특별한 주문이 하나 있다는 것이었다. 그 주문은 바그너 음악이 연주되는 음악회를 볼 수 있게 해달라는 것이었다. 같이 오시는 일행 중에는 한국바그너협회 회장이신 김경원 박사 내외, 또 이 협회 회원이신 잡지《삶과 꿈》의 김용원 대표 내외가 있었다. 김 장관님도 바그너협회 회원이었다. 나는 '알겠습니다' 하고 대답은 했지만 사실은 고민이었다. 1년 내내 각종 음악회가 개최되는 파리이기는 하지만 방문 기간에 맞춰 바그너 음악회가 있을지, 또 있다고 하더라도 연말에 6명의 표를 구하는 것은 쉽지 않을 것 같았다. 그러나 알아본 결과 다행히 다른 작곡가의 작품과 함께 바그너 음악도 연주하는 음악회가 방문 기간 중인 12월 20일 파리의 주요 공연장 중 하나인 샹젤리제 극장 Théâtre des Champs-Elysées 에서 있었다. 연주곡목은 나의 어렴풋한 기억으로는 〈트리스탄과 이졸데 Tristan und Isolde〉 중 마지막 극적 아리아 '리베스토트 Liebestod' 가 아니었나 한다. 나는 얼른 비서를 시켜 필요한 수의 표를 확보토록 지시했다. 이렇게 하여 한국바그너협회 회장

및 회원들과 '역사적인' 파리에서의 바그너의 밤을 가지게 되었다. 완벽한 바그너 음악회라고는 할 수 없었지만 모두들 만족해하는 표정이었고 김경원 박사는 특별히 나에게 고마움을 표시했다. 나는 이 기회를 통해 김경원 박사를 알게 되었다.

스승인 헨리 키신저 Henry Kissinger 처럼 당대 한국 최고의 국제정치학자이자 탁월한 외교관이었던 김경원 박사의 업적과 격동기 한국 권력의 심장부에서 재임할 당시 그와 얽힌 비화 등은 그의 별세 소식과 함께 언론 보도를 통해 상세히 소개되었다. 그러나 내가 보고 느낀 것은 김 박사의 인간적인 면모였다. 2001년 파리를 방문할 당시 그는 이미 지병인 파킨슨병으로 한쪽 팔이 남들이 알아볼 정도로 불편한 상태였다. 그러나 이런 신체적인 조건에도 불구하고 그는 온유함을 잃지 않으면서 모든 일정에 적극 참여했다. 나는 이런 그에게서 인생의 뜻하지 않은 시련 앞에서도 굴하지 않고 끝까지 삶에 충실하려는 의연함을 느낄 수 있었다.

음악회가 있은 다음 날 나는 이분들을 우리 집에 초대해 점심 식사를 대접했다. 당시 나는 100년이 넘은 파리의 전통적인 아파트에 살고 있었는데 우리 집에 들어서시자 이런 고택古宅이 신기했던지 김 장관님께서 나에게 다음과 같은 질문을 하셨다. "이런 아파트와 현대식 아파트의 차이는 무엇인가?" 나는 뭐라고 답변했는지 잘 기억이 나지 않는다. 그러나 김경원 박사님이 이 질문을 듣고 하신 말씀은 아직도 생생하게 기억한다. 그는 창밖으로 보이는 파리 번화가를 분주히 걸어가는 행인들을 물끄러미 바라보시더니 "이런 아파트에 살면 자살하려고 맘먹었던 사람이 삶의 의욕을 되찾을 것이다"라고 말했다. 강한 여운을 남기는 말이었다.

좋은 인연은 다시 만난다는 말이 있다. 그와 나는 2004년 4월 서울에서 다시 만나게 되었다. 내가 귀국하여 '서울 평화상 문화재단' 사무총장으로 일하게 되었을 때 그

왼쪽부터 피에르 캄봉 기메박물관 한국 담당관, 김영수 전 문화부 장관, 김경원 박사, 필자
(2001년 12월 20일 파리의 '기메 프랑스 국립 동양 박물관'에서 김용원 대표 찍음)

는 서울 평화상의 심사위원이었다. 나는 그를 오찬에 초대했다. 그는 나를 만나자 오늘 아침 댁에서 나올 때 성악가이신 사모님께 나를 만난다고 얘기하니까 파리에서 가졌던 바그너 음악회를 회상하시면서 매우 반가워하셨다고 하면서 오늘 오찬은 당신께서 사시겠다고 했다.

서울 평화상 사무총장으로 3년간 재임하면서 나는 심사 회의 등을 통해 그를 수시로 접할 기회가 있었다. 그는 건강 악화에도 불구하고 늘 흐트러짐 없고, 절제된 언행으로 나에게 큰 감동을 주었다. 인생의 불행은 누구에게나 예고 없이 찾아올 수 있다. 그러나 그에 대한 반응은 사람마다 다르다는 것을 이분을 통해 배울 수 있었다.

그는 지병에도 불구하고 신문에 칼럼을 연재하는 등 국제 문제에 관한 한 우리 사회의 독보적인 논객으로 활약하시다가 수년 전 병세가 악화되자 모든 활동을 접고 요양 중이셨다. 만약 그가 건강했다면 국가를 위해 좀 더 큰일을 할 수 있지 않았을까 하는 아쉬움이 남는다. 그러나 그는 투병 중에도 의연함을 잃지 않고 마지막 순간까지 최선을 다함으로써 주변의 많은 사람들을 감동시켰다. 과연 신의 뜻은 어디에 있는 것일까를 생각하며 삼가 고인의 명복을 빈다.

4. 이성자 화백을 추모하며

　파리는 화가들의 도시다. 파리는 예나 지금이나 전 세계에서 모여든 수많은 화가, 조각가, 설치예술가 등이 활동하고 있으며 연중 내내 세계적인 거장의 회고전부터 무명 청년 작가들의 데뷔 전까지 각종 전시가 끊이지 않는 곳이다. 물론 뉴욕도 현대 미술에서 큰 비중을 차지하고 있지만 셰익스피어를 연구하는 사람들이 영국에 가고 싶어 하듯이 화가들은 파리를 동경하며 이곳에서 인정받고 싶어 한다. 그만큼 파리는 화가들에게는 영원한 정신적 고향이다. 그래서인지 우리 화단의 대가들도 파리를 안 거쳐 간 사람이 없다고 해도 과언이 아니다.

　나는 파리문화원장으로 근무하면서 많은 내로라하는 화가들을 만날 수 있었다. 이 글에서는 나에게 큰 감동을 준 재불 화가 한 분을 회고하고자 한다. 소설과 같은 인생을 살면서 우리 미술 세계화의 선구자로 국내외 화단에 큰 족적을 남기고 떠나신 서양화가 고 이성자李聖子, 1918~2009 화백이다. 감내하기 힘든 인생의 시련을 높은 차원의 예술로 승화하며 치열한 삶을 살다 가신 이분을 회고하면서 나는 '운명'이란 화두를 생각하지 않을 수 없다.

한국동란의 와중인 1951년 가정불화로 사랑하는 세 아들과 생이별하게 된 이성자 여사는 한국에서의 뼈아픈 일들을 뒤로한 채 혈혈단신 파리로 떠난다. 이것은 당시 30대 초반의 한국 여성으로서는 일종의 모험이었다. 그러나 파리는 유교적인 문화에서 억압되었던 그녀의 예술적 재능이 만개할 수 있는 토양을 갖춘 곳으로 이곳에서 그녀는 새로운 운명과의 랑데부를 시작한다. 파리에 도착한 그는 의상디자인 학교에 입학한다. 그가 도쿄 실천여자대학에서 배운 것과 관련이 있는 분야였기 때문이다. 그러나 디자인학교의 선생이 그의 타고난 미술적 재능을 간파하고는 회화를 공부해보라고 권유한다. 그래서 그는 1953년 그랑드 쇼미에르 아카데미l'Académie de la Grande Chaumière에 입학하여 그림 공부를 시작한다. 고국에 남기고 온 세 아들에 대한 애타는 그리움은 그로 하여금 더욱더 그림에 매진케 한다. 성공한 예술가로 귀국하여 아들들을 다시 만나겠다는 일념에서다. 이 만학의 화가 지망생은 곧 두각을 나타낸다. 불과 3년 후인 1956년 그는 파리 국립현대미술관에서 열린 그룹전에 '보지라르街에 내리는 눈La Neige de la rue de Vaugirard'이란 제목의 유화를 출품해 비평가 조르주 부다이유Georges Boudaille의 주목을 받으며 파리 화단에 등단한다. 그 시절에는 프랑스에도 여류 화가들이 드물 때여서 비평가는 으레 이 그림의 작가가 남자인 것으로 착각하여 그녀를 남성 대명사인 'il he'로 지칭한다. 이어 1958년에는 파리의 라라 뱅시Lara Vincy 화랑에서 첫 개인전을 가진다. 이 무렵 그는 목판을 시작하는데 이후 유화와 목판은 작가의 독자적인 세계를 구축하는 데 상호 보완적인 역할을 한다.

1965년 도불 14년 만에 프랑스 화단에서 인정받는 화가가 되어 귀국한 이성자 여사는 서울대 교수회관에서 첫 귀국 개인전을 개최하면서 놀라운 반향을 일으킨다. 미술평론가 오광수는 이러한 반응이 "어디에도 속하지 않는 그 고유의 세계가 가진 신선감 때문이었을 것"이라고 평한다. 이때 출품한 작품 중에는 '오작교'라는 유화가 있어 많은 사람들의 심금을 울린다. 꿈에도 잊지 못하던 세 아들들과의 감격적인 상봉을 은유한 것이다.

이후 이성자 화백의 그림 세계는 1969년 미국 여행으로 새로운 전기를 마련하며 이때 뉴욕 방문에서 받은 충격과 감흥은 '중복' 시리즈의 모체가 된다. 또 '중복'에 이어 '도시' 연작으로 대칭적 형태의 새로운 양식을 선보인다. "나는 음과 양이라든가, 동양과 서양, 죽음과 생명과 같이 두 개의 상반된 것을 한 화면 위에 창조해내기를 원한다"고 작가는 말한다. 이어 파리와 니스 근교의 산간 마을 투레트Tourrettes-sur-Loup 의 아틀리에를 오가면서 제작한 '투레트의 밤', '투레트의 한밤' 등 원생原生의 자연을 노래하는 작품들이 등장한다. 그 후 서울-파리 왕복 여행에서 알래스카 앵커리지를 경유하면서 얻은 영감으로 '극지로 가는 길' 시리즈란 독특한 풍경적 추상화를 그려낸다. 이성자 화백은 91세로 타계하기 몇 개월 전까지 계속된 60년 가까운 작품 활동을 통해 1,200여 점의 유화를 비롯하여 목판화, 도자기, 태피스트리, 모자이크, 시화집에 이르기까지 다양한 영역의 작품을 남겼다. 또한 85회의 개인전과 300여 회의 단체전에 참여했다. 양뿐만이 아니라 그의 작품의 예술성은 칸딘스키 이후 유럽 최고의 추상화가로 추앙받던 알베르토 마넬리Alberto Magnelli 가 인정했을 정도다. 그리고 그의 그림은 프랑스 정부가 재외 공관용으로 구입하는 작품에도 포함된다.

이성자 화백에 대해서는 서울과 파리의 전시회 등을 통해 익히 알고는 있었지만 내가 그분의 인간적인 면모와 프랑스 화단에서의 위상을 재발견한 것은 파리문화원장으로 근무하던 때였다. 특히 2001년 그의 도불 50주년을

기념하는 전시회가 파리의 에스파스 피에르 가르댕 화랑에서 열렸는데 이 전시 개막일 날 파리의 유서 깊은 식당 'Maxim'에서 축하 만찬이 있었다. 이 자리에는 프랑스인들로 구성된 '이성자 후원회Les Amis de Seundja Rhee' 회원들이 참석했는데 전직 문화성 간부, 여류 변호사 등 프랑스 사회 주류 인사들이 주를 이루었다. 한국 화가로서는 드문 일이라 나는 깊은 인상을 받았다. 2003년에는 남불 발로리스의 마넬리 미술관에서 이성자 개인전이 개최되었는데 이 전시에 참석하여 축사를 해달라는 주최 측의 요청을 나는 기꺼이 수락했다. 이 기회에 나는 이 화백의 투레트 아틀리에를 방문할 수 있었는데 이 한적한 산간

별장 겸 화실에서 혼자 기거하며 작업하는 노老화백의 불굴의 의지와 강인한 예술혼에 탄복하지 않을 수 없었다. 그는 고령에도 불구하고 산길을 직접 운전하고 다녔다. 시인 뷔토르는 '은하수'란 세라믹 대문을 통해 들어가는 이 투레트의 화실을 두고 "외딴집 정원, 돌 사이에 솟은 궁정에서 추억을 끌어내고"라고 썼다.

이성자 화백은 순수한 예술혼과 함께 소녀다운 감수성을 그대로 간직하고 있는 분이었다. 한번은 재불 원로 화백들을 부부동반으로 집에 식사 초대를 했는데 이 자리에서 이 화백은 "나만 짝이 없다"면서 천진스러운 웃음을 지어서 참석자들을 감동시켰다.

나는 이성자 화백의 대표적인 작품이 시대별로 분류, 전시되어 있는 서울 강남구의 〈이성자 기념관〉을 찾았다. 이 기념관은 이 화백의 막내아들인 신용극 유로통상 회장이 어머니를 기리기 위해 개관한 것이다. 이 자리에는 제롬 파스키에 Jérôme PASQUIER 주한 프랑스 대사도 함께 했다. 이 기념관은 한국의 혼과 프랑스의 미술이 만나는 곳이다. 이곳은 20세기 한국의 신여성이 겪어야 했던 질곡의 삶을 극복하고 위대한 예술가와 자랑스러운 어머니로 우뚝 선 고 이성자 화백의 삶과 예술을 기리는 곳이다.

5. 프랑스에서 본 김동호 위원장

오늘날 프랑스에 진출하는 한국 문화 중 가장 주목을
받는 분야는 영화일 것이다. 프랑스는 영화를 발명한 나
라고, 세계 최고의 영화제로 평가 받는 칸 국제영화제의
주최국이며 프랑스인들 역시 영화를 좋아한다. 영화관이
유난히 많은 파리는 모든 종류의 국내외 영화를 볼 수 있
는 곳인데, 이제 파리에서 한국 영화를 보는 일은 어려운
일이 아니다.

프랑스 평단은 대체로 한국 영화를 "매우 역동적이며,
자기 영토에서 드물게 미국 영화와 경쟁할 수 있는 영
화"라고 높이 평가한다. 일본, 중국에 비해 후발 주자이
지만 한국은 칸 영화제에서 이미 감독상2002년, 임권택 감독
'취화선', 심사위원 대상2004년, 박찬욱 감독 '올드 보이', 여우주연
상2007년, 이창동 감독 '밀양', 심사위원 특별상2009년, 박찬욱 감
독 '박쥐' 등을 수상, 이제 이 영화제의 최고 영예인 '황금종
려상'에 도전하면서 아시아의 영화 강국으로 자리매김하
고 있다.

한국 영화가 프랑스를 위시한 유럽에서 확고한 위상을
굳히게 된 데에는 여러 요인이 있을 것이다. 한국 전통 문

화에 담긴 인류 보편적인 소재로 유럽인들을 사로잡은 임권택과 같은 거장의 출현, 현대적 감각을 지닌 박찬욱 등 우수한 감독군의 등장 이들을 프랑스 평단은 'nouvelle vague(new wave)'라 부른다, 스크린 쿼터 및 영화진흥위원회를 통한 정부 차원의 적극적인 지원 등이 큰 도움이 되었을 것이다. 그러나 이에 비해 막후 '영화 외교'의 중요성은 덜 알려져 있다. 특히 1980년대 말에 영화진흥위원회 전신인 영화진흥공사 사장을 역임하고 1996년 부산국제영화제 조직위원회 집행위원장에 취임한 이후 지칠 줄 모르는 열정으로 전 세계의 주요 영화제를 누비고 다니면서 국제 영화계와 평단에 폭넓은 인맥을 구축한 김동호 위원장의 공로를 빼놓을 수 없다.

김동호 위원장에 대한 나의 최초의 기억은 해외에 근무하던 1980년대 중반으로 거슬러 올라간다. 당시 문화공보부 기획관리실장이던 그는 바쁜 업무에도 불구하고 연말이 되면 만난 적도 없는 나에게 자상한 사연을 적은 친필 연하장을 보내주시곤 했다. 또 1988년 어머니 상을 당해 파리에서 일시 귀국했을 때에는 문상을 오셔서 부하 직원들과 격의 없이 소주잔을 나누시며 예의 따뜻한 인간미를 보여주셨다. 그러나 내가 그분을 가까이 대하게 된 것은 2000~2004년 파리문화원장 시절이다.

매년 수차례씩 칸 영화제 등 유럽의 주요 영화제 참석차 파리를 방문하시는 그분이 한국 영화를 알리기 위해 전력투구하시는 모습을 지켜보면서 나는 프랑스의 최고 권위지 《르 몽드》가 왜 부산 영화제를 "아시아 최고의 영화제"라고 극찬하는지 이해하게 되었다. 겸손하고 온화한 인품의 그는 외유내강 형으로 자기 관리가 엄격하다. 해외 출장 중에도 취침 시간과 관계없이 새벽 5시면 기상한다. 2003년 칸 영화제 기간 중으로 기억한다. 하루는 행사를 끝내고 칸의 뒷골목 카페를 전전하며 새벽 3시까지 그분과 나를 포함한 몇 사람이 통음을 한 적이 있었다. 그러나 아침에 식사를 하러 식당에 내려가 보니 말쑥한 모습으로 제일 먼저 와 계시는 것이 아닌가. 그러고는 오전부터 상영관 순례 등 평소와 같은 일정을 수행하시는 것이 아닌가. 나는 그분의 흐트러짐 없는 자기 관리에 그만 탄복하지 않을 수 없었다.

블랙 타이 복장이 아니면 출입이 안 되는 칸 영화제를 티셔츠 바람으로 누비고 다니는 사람이 있다. 국제 영화계의 거물 피에르 리시앙 Pierre Rissient 이다. 그는 김동호 위원장을 외국인들에게 소개할 때 "한국 영화계의 '차

르'tsar, 제정 러시아 시대의 황제"라는 익살스러운 표현을 쓴다. 그러나 그 표현은 국제무대에서 한국 영화계의 간판 역할을 하는 김 위원장의 위상을 말해준다. 김 위원장은 프랑스와 유럽 영화계에 평단부터 주요 영화제 집행부까지 폭넓은 인맥을 가지고 있다. 다년간에 걸쳐 공을 들여 구축한 인맥이다. 파리에 근무할 때 김 위원장을 위해서 프랑스 영화계의 주요 인사들을 초청해 집에서 만찬을 한 적이 있었다. 나는 그분 덕에 별 수고도 안 하고 현지 영화계의 요인들을 한자리에서 소개 받을 수 있었다. 김 위원장은 문화부 차관까지 역임한 고위 관료 출신이지만 관료주의적이거나 권위주의적인 데가 없다. 그러나 그에게는 인품과 경륜에서 우러나오는 자연스러운 권위가 있다. 그래서 사람들은 그에게 끌리는 것 같다. 이러한 덕목에는 국경이나, 동·서양이 없다. 부산 국제 영화제를 다녀간 외국 인사들은 한결같이 친한파가 되어 한국 영화계의 소중한 원군이 된다.

김동호 위원장은 소탈하고 단순한 스타일의 소유자다. 서울의 한 지인은 그에 대해 그분은 지하철과 휴대전화만 가지고 일하시는 분이라고 말한다. 파리에 오셔서도 지하철을 즐겨 타신다. '관폐'를 끼치기를 싫어하는 그는 연락

없이 오시는 경우가 많아 떠나실 때만이라도 자동차를 보내드리려 하면 택시가 더 편하다며 사양하곤 했다. 경비 절감을 위해 비행기도 이코노미를 마다 않으시고 호텔방도 수행 직원과 같이 쓰시는 경우도 있었다.

김 위원장은 바쁜 출장 일정 중에도 짬을 내어 서점을 찾는 학구파다. 영화 관련 신간 영문 서적을 구입하기 위해서다. 이렇게 습득한 새로운 지식은 그의 '만학'의 영어와 함께 해외 활동을 위한 중요한 자산이 된다.

프랑스 정부가 주는 문화 훈장을 두 차례 기사장, 사관장나 받고 '레지옹 도뇌르 슈발리에 장'까지 수훈한 김 위

2000년 칸국제영화제에 참석한 한국 인사들
(왼쪽부터 유길촌 영화진흥위원회 위원장, 권인혁 주불대사, 박실 재불 조각가, 김동호 위원장. 필자)

원장은 한불 문화외교의 일등 공신이며 가히 민간 외교의 귀감이라 하겠다.

6. 파리에서 만난 문화인 김정옥

파리문화원장으로 근무하면서 내가 누린 가장 큰 혜택 중의 하나는 국내에서라면 만나기 쉽지 않은 우리 문화 예술계의 정상급 인사들을 가까이 대할 수 있었던 것이다. 세계 문화의 중심지인 파리에는 미술, 음악, 연극, 영화, 문학은 물론 판소리, 서예 등 전통 예술에서 한류까지 거의 모든 장르의 내로라하는 문화 예술인들이 공연, 전시 또는 네트워킹을 위해 찾아온다. 이들 중에는 세월이 가도 잊히지 않는 사람들이 있다. 우리 연극계의 큰 어른이신 김정옥金正鈺 대한민국 예술원 회장이 그런 분이다.

'극단 자유'를 창단한 우리 연극 역사의 주역이자 산증인이신 김정옥 회장의 국내 연극계에 대한 공헌에 대해서는 나보다는 다른 분들이 말하는 것이 더 나을 것이다. 나는 프랑스에서 본 우리 연극의 세계화와 민간 문화외교의 선구자로서의 김정옥 회장의 위상에 대해 내가 느끼고 관찰한 바를 얘기하고자 한다. 그분을 처음 뵌 것은 파리문화원장으로 부임한 다음 해인 2001년으로 기억한다. 그를 나에게 소개한 사람은 당시 나의 중요한 업무상 상대역이었던 프랑스 문화부 산하 '세계문화의 집' 관장이며 작가이자 연극 연출가인 셰리프 카즈나다르Cherif Khaznadar 씨였다. 김정옥 회장은 당시 파리에 있는 유네스코 산하 '국제극예술협회ITI' 세계본부회장으로 활약하실 때였다. 그분은 내가 연극 연출가에 대해 가졌던 선입견과는 달리 늘 미소를 띠며 온화한 표정으로 상대를 편하게 해주시는 그런 분이었다. 그러나 어딘지 모르게 삶에 대한 강한 열정과 무한한 에너지가 느껴졌다. 일찍이 1950년대 후반에 파리에 유학하신 선생님께서는 친숙한 프랑스 문화계 인사들을 tutoyerfirst-name으로 대화하기로 대하셨는데 한국 문화계 인사로는 흔치 않은 일이라서 매우 인상적으로 느껴졌다. 그는 한국적 정체성을 지닌 유럽식의 문화인이다. 나는 프랑스 문화계 인사들이 김 회장을 대하는 것을 보고 프랑스 문화계와 국제 연극계에서 그가 누리는 위상을 가히 짐작할 수 있었다. 그래서 한국인으로서는 전무후무하게 ITI 세계본부회장에 선출되시고 게다가 3선 연임까지 하신 것이 우연이 아님을 알게 됐다.

물론 이렇게 된 데에는 ITI 세계본부회장이 되시기 전부터 서구 중심의 국제 연극계에서 한국을 포함한 제3세계 연극을 알리는 데 앞장서온 그의 오랜 공로가 인정된 것도 큰 몫을 했을 것이다. 일찍이 정부 지원도 없던 시절 우리 연극의 해외 공연을 통하여 우리 문화를 세계에 알린 그는 한류의 선구자라 할 수 있겠다. 나는 김 회장이 파리에 오실 때마다 거의 매번 만나게 되었는데 그와 함께 프랑스 문화계 인사들을 만난 것은 나의 활동에도 큰 도움이 되었다. 카즈나다르 관장은 그와 나를 유서 깊은 생 제르맹 데 프레 Saint-Germain-des-Prés의 그의 단골 식당으로 초대하곤 했었다.

나는 김정옥 선생님을 경기도 광주시 남종면에 그가 개관한 '얼굴박물관'에서 다시 만났다. 내가 운영위원으로 있는 '광화문 문화포럼 회장: 이종덕 충무아트홀 사장'의 문화탐방 행사에서였다. 이 모임은 김정옥 회장의 애제자이며 광화문 문화포럼 부회장이신 최치림 한국공연예술센터 상임이사장이 주선했다. 우리는 김정옥 회장 내외분의 환영을 받고 사모님 조경자曺京子 여사께서 정성스럽게 준비하신 깨죽과 찹쌀떡, 전 등으로 맛있는 점심을 들며 환담한 뒤 두 분의 안내로 박물관을 둘러보았다. 팔당이 내려

파리 방문 중 한국 화가들의 전시회를 찾은 김정옥 회장(좌에서 넷째. 여섯째는 필자)

다보이며 주변에는 벚꽃이 만발한 풍광이 좋은 곳에 위치한 이 박물관에는 그가 평생 모은 문무관文武官석, 동자석 같은 석인石人, 목木인형과 얼굴 모양의 와당, 민간에서 굴러다니던 불상, 초상화, 사진 등 얼굴 관련 작품 1,000여점이 전시되어 있다. 이 모든 것들은 제발 '쓰레기' 좀 들여오지 말라는 사모님의 간곡한 만류에도 불구하고 김 회장께서 평생 열정적으로 수집하신 것이다. 선생님이 쓰신 '쓰레기'란 제목의 시는 여기에서 유래한 것이다.

또 카뮈의 담배 피는 사진과 선생님께서 유학 중이시던 1957년 파리를 찾은 유치진 선생과 함께 노트르담 성당을 배경으로 찍으신 역사적인 사진도 있다. 동서양의 미를 감별하는 탁월한 심미안의 소유자인 선생님은 "아름다운 것은 획일화된 것이 아니다"라고 강조하신다. 공연도 가능하도록 설계된 서양식 건물의 박물관을 보고 나오니 바로 옆에는 전남 강진에서 옮겨 온 100년 된 한옥 '관석헌觀石軒'이 한국적인 정취를 물씬 풍기고 있다. 가장 한국적인 것이 가장 세계적인 것이라는 말이 있다. 이 박물관은 한평생 한국적이면서도 세계적인 것을 추구하며 시인, 영화평론가, 연출가 그리고 예술품 수집가로서 치열하게 살아오신 문화인 김정옥 선생님의 삶이 고스란히 녹아 있는 그의 얼굴이라 하겠다.

참고자료

Michel Borgetto, La Devise : ≪Liberté, Égalité, Fraternité≫, PUF, 1997

Pierre Miquel, Histoire de la France, Fayard, 1992

Marc Ferro, Histoire de France, Editions Odile Jacob, 2001

P. Gaxotte, La Révolution française, Paris, Fayard, 1975

A. Soboul, La Révolution française, Paris, P.U.F., 1965

Jean-Jacques Rousseau et Bruno Bernardi (Commentaires), Du contrat social, Flammarion, 2011

Michel Winock, L'Affaire Dreyfus, nouvelle edition Seuil, 1998

Louis Begley, Why the Dreyfus Affair Matters, Yale University Press, 2010

Frederick Brown, For the Soul of France: Culture Wars in the Age of Dreyfus, Anchor, 2011

Bertrand Tillier, Les artistes et l'affaire Dreyfus, 1898–1908, Champ Vallon, 2009

L'Affaire Dreyfus, La République en péril, Paris, Découvertes Gallimard, 1994

Revue Pouvoirs, n°126, La Ve République, Seuil, 2008

Charles de Gaulle, Discours et messages, Paris, Plon, 1970

Éric Roussel, Charles de Gaulle, Gallimard, 2002

Olivier Todd, André Malraux, une vie, Gallimard, 2001

Maurice Duverger, Le système politique français, PUF, 1970

Dick Morris, Power Plays, Harper Perennial, 2003

Ted Stanger, Sacrées Vacances! Une Obsession
française, Flammarion, 2010

Jean-Robert Pitte, Gastronomie française. Histoire et
géographie d'une passion, Fayard, 1991

Jean-Christian Petitfils, Louis XIV, Perrin, 2002

Sophie Coignard et Alexandre Wickham, L'omertà
française, Albin Michel, 2014

Jean-Marie Colombani et Walter Wells, France États-Unis,
déliaisons dangereuses, Paris, Jacob-Duvernet Eds, 2004

François Kersaudy, De Gaulle et Adenauer, aux origines
de la réconciliation Franco-Allemande, www.charles-
de-gaulle.org

Robert Tombs, Isabelle Tombs, That Sweet Enemy:
Britain and France, The History of a Love - Hate

Relationship, Vintage, 2008

Pierre Cambon, L'Art Coréen au Musée Guimet, Réunion des Musées Nationaux, 2001

André Fabre, Histoire de la Corée, l'Asiathèque, 2000

Marc Orange, Archives françaises relatives à la Corée: Inventaire analytique, Collège de France, Institut d'études coréennes, 2013

『나폴레옹도 모르는 한·프랑스 이야기-프랑스 외교사료를 통해 본 한불관계비사』, 정상천, 국학자료원, 2013

『21세기 프랑스를 말하다』, 주철기, 삶과꿈, 2006

『한불관계자료-주불공사·파리박람회·홍종우』, 박병선 편저, 국사편찬위원회, 2001

'Les relations bilatérales, Historique' 주한 프랑스 대사관 홈페이지

〈유홍준의 국보순례[116] 기메박물관의 홍종우〉,《조선일보》2011년 10월 20일

'프랑스 개황' 2013, 외교부

YouTube, Rétrospective Charles de Gaulle 1890-1970, INA

YouTube, Obsèques à Notre Dame de François Mitterrand, INA

YouTube, Inauguration du musée Guimet, INA